중학영단어 2

지은이 이건희, 박건후, 김형규
펴낸이 정규도
펴낸곳 (주)다락원

초판 1쇄 발행 2015년 3월 2일
초판 5쇄 발행 2021년 10월 2일

편집 김민아, 이동호, 김민주, 서정아
디자인 김나경, 박선영
영문 감수 Mark Holden

다락원 경기도 파주시 문발로 211
내용문의: (02)736-2031 내선 504
구입문의: (02)736-2031 내선 250~252
Fax: (02)732-2037
출판등록 1977년 9월 16일 제406-2008-000007호

값 8,500원

ISBN 978-89-277-0756-1 54740
     978-89-277-0754-7 54740 (set)

http://www.darakwon.co.kr

- 다락원 홈페이지를 방문하시면 상세한 출판정보와 함께 동영상강좌,
  MP3자료 등 다양한 어학 정보를 얻으실 수 있습니다.

중학교 12종 교과서 완벽 분석

30일 완성

내신 공략

중학 영단어

이건희 | 박건후 | 김형규 지음

2

DARAKWON

내공 중학 영단어 시리즈는 오로지 교과서에 맞춘 중학교 어휘 책입니다. 12종 교과서 핵심 어휘들과 함께 교과서 관련 어구, 교과서 응용 문장, 학교 시험에서 자주 출제되는 5가지 대표 어휘 유형을 반복 훈련하면서 어휘 실력을 향상합니다.

★ (내신 기본 단어 + 내신 심화 단어) X 교과서 관련 어구 → 20단어 + @
★ 내신 기초 쌓기 + 내신 기초 쌓기 추가 문장 → 20문장
★ 내신 실전 문제 → 내신 대표 어휘 유형 문제 풀이

30일 완성

교과서 단어가 한눈에 보이는 3단 구성!

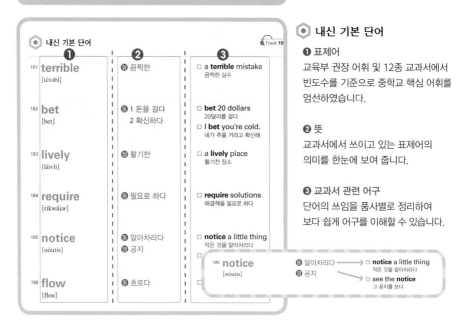

내신 기본 단어

❶ 표제어
교육부 권장 어휘 및 12종 교과서에서 빈도수를 기준으로 중학교 핵심 어휘를 엄선하였습니다.

❷ 뜻
교과서에서 쓰이고 있는 표제어의 의미를 한눈에 보여 줍니다.

❸ 교과서 관련 어구
단어의 쓰임을 품사별로 정리하여 보다 쉽게 어구를 이해할 수 있습니다.

내신 심화 단어

내신 기본 단어 이외에 학생들이 자주 시험에서 틀리거나 철자가 어려운 어휘를 모아 심화어로 선정하였습니다.

귀여운 꿀벌이 다양한 표정으로 심화 포인트를 알려 줍니다.

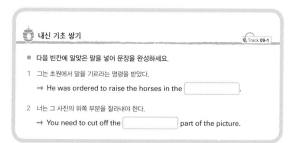

내신 기초 쌓기

● 다음 빈칸에 알맞은 말을 넣어 문장을 완성하세요.

1 그는 초원에서 말을 기르라는 명령을 받았다.
→ He was ordered to raise the horses in the _____ .

2 너는 그 사진의 위쪽 부분을 잘라내야 한다.
→ You need to cut off the _____ part of the picture.

내신 기초 쌓기

앞에서 학습한 교과서 핵심 단어와 관련 어구를 활용하여 교과서 응용 문장을 쉽게 완성합니다.

내신 실전 문제

/ 15점

A 오답률 20% ❶
다음 중 단어와 뜻이 잘못 연결된 것을 고르시오. 2점
① require - 요구하다 ② flow - 흐르다 ③ disappear - 사라지다
④ terrible - 끔찍한 ⑤ bet - 식물

B 오답률 25% ❷
다음 주어진 문장의 빈칸에 가장 적절한 단어를 고르시오. 2점
Peter wants to see many dolphins on a _____ trip.
Peter는 잠수함 여행에서 많은 돌고래들을 보고 싶어 한다.
① terrible ② submarine ③ fabric ④ cave ⑤ magnet

C 오답률 30% ❸
다음 문장을 영작할 때 네 번째로 올 단어를 보기에서 고르시오. 2점
> 보기   애완동물들은 많은 보살핌과 관심을 필요로 한다.
> a / care / of / require / and / attention / pets / lot
① lot ② pets ③ care ④ attention ⑤ require

D 오답률 50% ❹
다음 중 단어의 영영 풀이가 잘못된 것을 고르시오. 2점
① react: to behave in a particular way when something happens
② magnet: a material that can attract certain metals
③ cartoon: a humorous drawing in a magazine or newspaper
④ disposable: the amount of time in which something can be done
⑤ cave: a large hole in the side of a hill or under the ground

E 오답률 80% ❺
주어진 단어들을 우리말과 같은 뜻이 되도록 바르게 배열하시오
1 사진 속의 소녀들은 매우 활기차 보인다. 3점
(girls / the / picture / look / lively / in / very / the)

내신 실전 문제

학교 시험에서 자주 출제되는 5가지 대표 어휘 유형을 실제 내신 시험처럼 매일 연습해볼 수 있습니다.

유형 ❶ 단어와 뜻 연결하기

유형 ❷ 빈칸 완성하기

유형 ❸ 서술형 대비 문장 속 단어 순서 찾기

유형 ❹ 영영 풀이

유형 ❺ 서술형 대비 단어 배열하기

그 밖에 **교육부 권장 어휘**와 **교과서 빈도수**를 표시한 **Index**와 **3종 이상의 다양한 테스트지**를 원하는 대로 뽑아 쓸 수 있는 **문제출제프로그램**으로 중학교 핵심 어휘를 완벽하게 학습할 수 있습니다. (http://voca.darakwon.co.kr)

Index		
ability	111	★
aboard	115	★
abroad	10	
★ abstract	100	★
★ accent	98	★

목 차

발음기호표

모음

a	ㅏ	**line** [lain] 선		e	ㅔ	**bed** [bed] 침대
i	ㅣ	**pin** [pin] 핀		o	ㅗ	**bowl** [boul] 그릇
u	ㅜ	**book** [buk] 책		ɔ	ㅗ (ㅓ에 가까운)	**dog** [dɔ(:)g] 개
ʌ	ㅓ (강한)	**bus** [bʌs] 버스		ə	ㅓ (약한)	**again** [əgén] 다시
æ	ㅐ	**cat** [kæt] 고양이		ɛ	ㅔ (약한)	**bear** [bɛər] 곰

자음

b	ㅂ	**bike** [baik] 자전거	d	ㄷ	**door** [dɔːr] 문
g	ㄱ	**game** [geim] 게임	h	ㅎ	**house** [haus] 집
k	ㅋ	**cake** [keik] 케이크	l	ㄹ	**lion** [láiən] 사자
m	ㅁ	**milk** [milk] 우유	n	ㄴ	**nose** [nouz] 코
p	ㅍ	**pen** [pen] 펜	r	ㄹ	**ring** [riŋ] 반지
s	ㅅ	**song** [sɔ(:)ŋ] 노래	t	ㅌ	**tiger** [táigər] 호랑이
v	ㅂ	**violin** [vàiəlín] 바이올린	f	ㅍ	**free** [friː] 자유의
z	ㅈ	**rose** [rouz] 장미	ð	ㄷ	**mother** [mʌðər] 어머니
θ	ㅆ	**three** [θriː] 셋	ʃ	쉬	**she** [ʃiː] 그녀
tʃ	취	**chair** [tʃɛər] 의자	ŋ	받침ㅇ	**king** [kiŋ] 왕
dʒ	쥐 (강한)	**jam** [dʒæm] 잼	ʒ	쥐	**vision** [víʒən] 시력
j	이	**yellow** [jélou] 노란색	w	우	**window** [wíndou] 창문

알아야 할 내용

🐝 첫째

각 단어 앞의 표시들은 그 단어의 품사, 즉 성격을 나타내 줍니다.

055 **owner**   몡 주인
[óunər]   파 own 소유하다

- 동 **동사**   움직임이나 상태를 나타내는 말입니다.
- 대 **대명사** 사람이나 사물의 이름을 대신 나타냅니다.
- 명 **명사**   이 세상에 존재하는 모든 것들의 이름을 나타냅니다.
- 형 **형용사** 명사나 대명사의 모양, 상태, 성질 등을 나타냅니다.
- 부 **부사**   동사나 형용사 또는 다른 부사의 뜻을 더 자세히 나타냅니다.
- 전 **전치사** 명사 앞에 와서 시간, 장소, 방향 등을 나타냅니다.
- 접 **접속사** 단어와 단어, 문장과 문장 등을 연결해 주는 말입니다.
- 조 **조동사** 동사의 의미를 풍부히 하기 위한 동사의 도우미 동사입니다.
- 감 **감탄사** 놀람, 느낌, 부름이나 대답을 나타내는 말입니다.

🐝 둘째

각 단어는 하나의 품사로 쓰이기도 하고 두 개 이상의 품사로 쓰이기도 합니다.
하나의 품사인 경우에도 뜻이 여럿인 경우가 있습니다. 그런 경우 다음과 같이
정리합니다.

1 한 단어에 뜻이 여럿인 경우에 숫자로 구분합니다.

    capital 명 1 수도   2 대문자

2 품사가 두 개 이상인 경우에는 따로 표시합니다.

    display 동 전시하다

               명 전시

3 기타 여러 가지 유용한 표현은 다음과 같이 정합니다.

    숙 숙어

    반 반대어

    유 유의어

    참 참고어

    파 파생어

    혼 혼동어

    복 복수형

DAY 01~30

내신 기본 단어

---

001 **public**
[pʌ́blik]

혱 공공의

□ a **public** place
공공장소

002 **borrow**
[bárou]

동 빌리다

□ **borrow** a book
책을 빌리다

003 **decorate**
[dékərèit]

동 장식하다

□ **decorate** a room
방을 장식하다

004 **mean**
[miːn]

동 의미하다
참 mean 비열한

□ **mean** good luck
행운을 의미하다
□ play a mean trick
비열한 장난을 치다

005 **justice**
[dʒʌ́stis]

명 정의

□ the meaning of **justice**
정의의 의미

006 **regular**
[régjələr]

혱 규칙적인
뫼 regularly 규칙적으로

□ a **regular** customer
단골 고객
□ exercise regularly
규칙적으로 운동하다

007 **abroad**
[əbrɔ́ːd]

뷔 해외로

□ travel **abroad**
해외로 여행하다

008 **youth**
[juːθ]

명 젊은이

□ invite **youths**
젊은이들을 초대하다

009 data
[déitə]

명 자료

□ send weather **data**
기상 자료를 보내다

010 curious
[kjúːəriəs]

형 호기심이 많은

숙 be curious about
~에 대해 궁금해 하다

□ a **curious** child
호기심이 많은 아이

□ be curious about the movie
그 영화에 대해 궁금해 하다

011 tide
[taid]

명 밀물과 썰물, 조수

□ a strong **tide**
강한 조수

012 stadium
[stéidiəm]

명 경기장

□ a baseball **stadium**
야구 경기장

013 source
[sɔːrs]

명 원천

□ an energy **source**
에너지원

014 repay
[ri(ː)péi]

동 보답하다

□ **repay** his kindness
그의 친절에 보답하다

015 relate
[riléit]

동 관련시키다

숙 be related to
~와 관련이 있다

□ **relate** crime to poverty
범죄를 가난과 관련시키다

□ be related to his death
그의 죽음과 관련이 있다

016 title
[táitl]

명 제목

□ the **title** of the book
그 책의 제목

017 donation
[dounéiʃən]

명 기부

□ talent **donation**
재능 기부

018 sneaker
[sníːkər]

명 운동화

□ unique **sneakers**
독특한 운동화

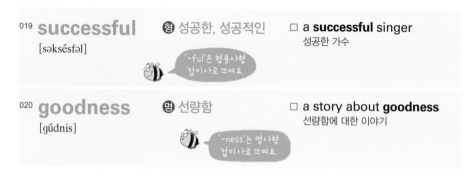

내신 심화 단어

019 **successful**   형 성공한, 성공적인   ☐ a **successful** singer
[səksésfəl]   성공한 가수

'-ful'은 형용사형 접미사로 쓰여요.

020 **goodness**   명 선량함   ☐ a story about **goodness**
[gúdnis]   선량함에 대한 이야기

'-ness'는 명사형 접미사로 쓰여요.

내신 기초 쌓기

● 다음 빈칸에 알맞은 말을 넣어 문장을 완성하세요.

1 네 잎 클로버는 행운을 의미한다.

→ A four-leaf clover ▢ good luck.

2 너는 이 방을 풍선들로 장식해야 해.

→ You should ▢ this room with balloons.

3 John은 정의의 의미를 이해하지 못했다.

→ John didn't understand the meaning of ▢.

4 나는 야구 경기장에 가 본 적이 없어.

→ I have never been to a baseball ▢.

5 Kate는 이 영화에 대해 궁금해 한다.

→ Kate is ▢ about this movie.

6 그는 착한 행동으로 그녀의 친절에 보답해야 해.

→ He should ▢ her kindness with a good deed.

7 보라는 재능 기부에 대해 알지 못한다.

→ Bora doesn't know about talent ▢.

A 오답률 20%

다음 중 단어와 뜻이 잘못 연결된 것을 고르시오. 2점

① relate - 관련시키다　② decorate - 장식하다　③ curious - 호기심이 많은

④ youth - 젊은이　⑤ justice - 원천

B 오답률 25%

다음 주어진 문장의 빈칸에 가장 적절한 단어를 고르시오. 2점

You must turn off your cell phone in a _____ place.

너는 공공장소에서 휴대폰을 반드시 꺼야 한다.

① mean　② public　③ curious　④ justice　⑤ abroad

C 오답률 30%

다음 문장을 영작할 때 네 번째로 올 단어를 보기에서 고르시오. 2점

> 보기　그 로봇은 지구로 자료를 보낼 것이다.
>
> will / Earth / the / robot / send / to / data

① robot　② data　③ will　④ send　⑤ Earth

D 오답률 50%

다음 중 단어의 영영 풀이가 잘못된 것을 고르시오. 2점

① public: available for anyone to use

② repay: to achieve the result that you want

③ donation: money or goods that you give to an organization

④ title: the name of a book, poem, film, play, or other work of art

⑤ data: facts or information used for making calculations or decisions

E 오답률 80%

주어진 단어들을 우리말과 같은 뜻이 되도록 바르게 배열하시오.

1 이 만화책을 빌릴 수 있나요? 3점

(I / this / book / can / borrow / comic)

_____

2 너는 성공한 가수가 되고 싶니? 4점

(you / to / do / successful / a / want / singer / be)

_____

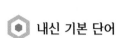 내신 기본 단어

021 **century** [séntʃuri]	명 세기	□ the 18th **century** 18세기
022 **sentence** [séntəns]	명 문장	□ make a **sentence** 문장을 만들다
023 **tropical** [trɑ́pikəl]	형 열대의	□ **tropical** fruit 열대 과일
024 **sketch** [sketʃ]	명 스케치	□ a simple **sketch** 간단한 스케치
025 **warmly** [wɔ́ːrmli]	부 따뜻하게	□ greet him **warmly** 그를 따뜻하게 맞이하다
026 **spray** [sprei]	명 스프레이 동 (스프레이로) 뿌리다	□ **spray** paint 스프레이 물감 □ **spray** perfume 향수를 뿌리다
027 **couple** [kʌ́pl]	명 1 한 쌍, 두 사람[개] 2 연인, 부부	□ a **couple** of players 두 사람의 선수 □ paint a **couple** 연인을 그리다
028 **personal** [pə́rsənəl]	형 개인적인	□ post **personal** photographs 개인적인 사진들을 게시하다

| 029 **earn** [əːrn] | 통 벌다 | □ **earn** a lot of money 많은 돈을 벌다 |

029 **earn**
[əːrn]
통 벌다
□ **earn** a lot of money
많은 돈을 벌다

030 **sprinkle**
[spríŋkl]
통 뿌리다
유 spray
□ **sprinkle** chili sauce
칠리소스를 뿌리다

031 **bother**
[báðər]
통 괴롭히다
□ **bother** other people
다른 사람들을 괴롭히다

032 **apart**
[əpáːrt]
부 떨어져
□ be pulled **apart** easily
잡아당겨 쉽게 떨어지다

033 **create**
[kriéit]
통 창조[창작]하다
□ **create** a work of art
예술 작품을 창작하다

034 **scold**
[skould]
통 꾸짖다
□ **scold** his son
그의 아들을 꾸짖다

035 **cardboard**
[káːrdbɔ̀ːrd]
명 판지
□ a piece of **cardboard**
판지 한 장

036 **direct**
[dirékt]
통 지휘하다
파 direction 지시
□ **direct** a construction
건설을 지휘하다
□ follow a direction
지시에 따르다

037 **reflect**
[riflékt]
통 반영하다
□ **reflect** a healthy lifestyle
건강한 생활양식을 반영하다

038 **rude**
[ruːd]
형 무례한
□ a **rude** man
무례한 남자

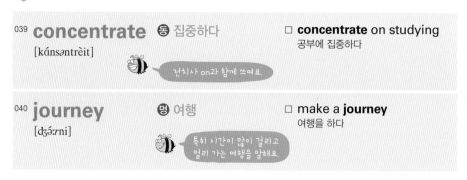

039 **concentrate** 동 집중하다   □ **concentrate** on studying
[kánsəntrèit]   공부에 집중하다

전치사 on과 함께 쓰여요.

040 **journey** 명 여행   □ make a **journey**
[dʒə́ːrni]   여행을 하다

특히 시간이 많이 걸리고 멀리 가는 여행을 말해요.

🐝 **내신 기초 쌓기**

● 다음 빈칸에 알맞은 말을 넣어 문장을 완성하세요.

1 그는 골판지 한 장을 집어 들었다.

→ He picked up a piece of [　　　　　].

2 너는 개인적인 것들을 인터넷에 게시할 필요가 없다.

→ You don't have to post [　　　　　] things on the internet.

3 그 다섯 단어로 문장을 만들어라.

→ Make a [　　　　　] with the five words.

4 그 반죽은 아이들에 의해 쉽게 떨어졌다.

→ The dough was pulled [　　　　　] easily by the children.

5 그는 18세기의 유명한 한국 화가이다.

→ He is a famous Korean artist of the 18th [　　　　　].

6 Jane은 그 건물의 공사를 지휘하라는 요청을 받았다.

→ Jane was asked to [　　　　　] the construction of the building.

7 피자 위에 칠리소스 좀 뿌려 줄래?

→ Could you [　　　　　] some chili sauce on top of the pizza?

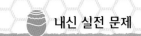

A 오답률 20%

다음 중 단어와 뜻이 <u>잘못</u> 연결된 것을 고르시오. **2점**

① apart - 괴롭히다　　② sentence - 문장　　③ create - 창조하다

④ rude - 무례한　　⑤ sprinkle - 뿌리다

B 오답률 25%

다음 주어진 문장의 빈칸에 가장 적절한 단어를 고르시오. **2점**

The painting _____ the lifestyle of the people in the 19th century.

그 그림은 19세기 사람들의 생활양식을 반영한다.

① concentrates　　② scolds　　③ directs　　④ earns　　⑤ reflects

C 오답률 30%

다음 문장을 영작할 때 <u>다섯 번째</u>로 올 단어를 보기에서 고르시오. **2점**

> 보기) 자메이카는 카리브 해에 있는 열대 국가이다.
> is / Jamaica / a / the / country / Caribbean / tropical / in

① country　　② Jamaica　　③ Caribbean　　④ is　　⑤ tropical

D 오답률 50%

다음 중 단어의 영영 풀이가 <u>잘못된</u> 것을 고르시오. **2점**

① earn: to receive money for work that you do

② couple: two people that are together

③ sketch: a quick drawing that does not have many details

④ scold: to criticize someone severely and usually angrily

⑤ bother: to give all your attention to the thing you are doing

E 오답률 80%

주어진 단어들을 우리말과 같은 뜻이 되도록 바르게 배열하시오.

1 나의 엄마는 항상 나를 꾸짖지는 않으신다. **3점**

(mother / always / my / me / scold / doesn't)

_____

2 누군가의 나이를 물어보는 것이 어떤 문화에서는 무례한 일이다. **4점**

(rude / ask / age / some / cultures / is / it / someone's / to / in)

_____

내신 기본 단어

041 **barber** [bá:rbər]	📖 이발사	☐ a **barber** shop 이발소
042 **duty** [djú:ti]	📖 직무 🔤 on duty 근무 중인	☐ night **duty** 야근 ☐ I'm on duty. 나는 근무 중이다.
043 **fear** [fiər]	📖 두려움	☐ live without **fear** 두려움 없이 살다
044 **curse** [kə:rs]	📖 욕하다	☐ **curse** at a person 한 사람에게 욕하다
045 **mission** [míʃən]	📖 임무	☐ an exciting **mission** 흥미진진한 임무
046 **precious** [préʃəs]	📖 소중한, 귀중한	☐ the most **precious** thing 가장 소중한 것
047 **bloody** [bládi]	📖 피투성이의	☐ have a **bloody** nose 코피가 나다
048 **hallway** [hó:lwèi]	📖 복도	☐ run in the **hallway** 복도에서 뛰다

049 escape
[iskéip]
동 탈출하다
□ **escape** from the house
그 집에서 탈출하다

050 text
[tekst]
명 본문, 글
동 문자를 보내다
□ read the **text**
본문을 읽다
□ **text** her friend
그녀의 친구에게 문자를 보내다

051 backward
[bǽkwərd]
부 뒤로
□ run **backward**
뒤로 달리다

052 gallery
[gǽləri]
명 화랑, 미술관
□ go to the **gallery**
화랑에 가다

053 risk
[risk]
명 위험
□ take a **risk**
위험을 감수하다

054 witch
[witʃ]
명 마녀
□ an old **witch**
늙은 마녀

055 owner
[óunər]
명 주인
파 own 소유하다
□ a pet shop **owner**
애완동물 가게 주인
□ **own** a house
집을 소유하다

056 chore
[tʃɔːr]
명 집안일
□ do **chores**
집안일을 하다

057 loss
[lɔ(ː)s]
명 손실, 감소
□ weight **loss**
체중 감소

058 destroy
[distrɔ́i]
동 파괴하다
□ **destroy** the city
도시를 파괴하다

059 **newscaster** 	명 뉴스 진행자 	☐ become a **newscaster**
[njúːzkæstər] 	뉴스 진행자가 되다

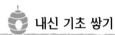 끝에 -er이 오면 '~하는 사람'을 뜻해요.

060 **celebration** 	명 기념행사 	☐ a wedding **celebration**
[sèləbréiʃən] 	결혼 기념행사

🐝 **내신 기초 쌓기** 	 Track **03-1**

● 다음 빈칸에 알맞은 말을 넣어 문장을 완성하세요.

1 그녀의 꿈은 애완동물 가게 주인이 되는 것이다.

→ Her dream is to be a pet shop [   ].

2 나는 우리가 복도에서 뛰지 말아야 한다고 생각해.

→ I think we shouldn't run in the [   ].

3 수면 부족이 체중 감소를 유발할 수도 있다.

→ Sleep loss may lead to weight [   ].

4 그들은 그때 임무 수행 중이었다.

→ They were on [   ] at that time.

5 너는 화랑에서 그림들을 만져서는 안 된다.

→ You must not touch the paintings at the [   ].

6 나는 지난 일요일에 그 이발소에서 머리를 잘랐다.

→ I had my hair cut at the [   ] shop last Sunday.

7 그 늙은 마녀가 우리에게 말한 것은 진실이 아니다.

→ What the old [   ] told us is not true.

A 오답률 20%
다음 중 단어와 뜻이 <u>잘못</u> 연결된 것을 고르시오. 2점

① mission - 임무　　② barber - 이발사　　③ hallway - 복도

④ precious - 마녀　　⑤ chore - 집안일

B 오답률 25%
다음 주어진 문장의 빈칸에 가장 적절한 단어를 고르시오. 2점

A rabbit was standing in front of the lions without _____.

토끼 한 마리가 두려움 없이 사자들 앞에 서 있었다.

① curse　　② fear　　③ loss　　④ chore　　⑤ duty

C 오답률 30%
다음 문장을 영작할 때 <u>네 번째</u>로 올 단어를 보기에서 고르시오. 2점

> 보기　　너는 코피가 난다.
>
> a / bloody / have / you / nose

① have　　② you　　③ nose　　④ bloody　　⑤ a

D 오답률 50%
다음 중 단어의 영영 풀이가 <u>잘못된</u> 것을 고르시오. 2점

① gallery: a room or building in which people look at paintings

② witch: a woman who is thought to have magic powers

③ destroy: to cause something to end or no longer exist

④ text: a small job that is done regularly

⑤ escape: to get away from a place where you are in danger

E 오답률 80%
주어진 단어들을 우리말과 같은 뜻이 되도록 바르게 배열하시오.

1 나는 위험을 감수하고 싶지 않다. 3점

(don't / to / I / a / risk / take / want)

_____

2 네 인생에서 가장 소중한 것은 무엇이니? 4점

(is / the / what / thing / in / precious / your / life / most)

_____

내신 기본 단어

061 jar
[dʒɑːr]

명 항아리

□ a small **jar**
작은 항아리

062 trick
[trik]

동 속이다

□ **trick** your eyes
너의 눈을 속이다

063 insult
[ínsʌlt]

명 모욕

□ an **insult** to the actor
그 배우에 대한 모욕

064 slip
[slip]

명 가늘고 긴 조각

□ paper **slips**
종잇조각들

065 major
[méidʒər]

형 주요한

□ a **major** sporting event
주요한 스포츠 행사

066 impress
[imprés]

동 감동시키다
파 impression 인상, 감동

impress the audience
청중을 감동시키다

067 ease
[iːz]

동 진정시키다

□ **ease** her mind
그녀의 마음을 진정시키다

068 sightseeing
[sáitsìːiŋ]

명 관광

□ go **sightseeing**
관광하러 가다

| 069 **pimple** [pímpl] | 📖 여드름 | ☐ have a **pimple** 여드름이 있다 |

069 **pimple**
[pímpl]
📖 여드름
☐ have a **pimple**
여드름이 있다

070 **spin**
[spin]
🔵 돌(리)다
☐ **spin** a pencil
연필을 돌리다

071 **comfort**
[kʌ́mfərt]
🔵 위로하다
📘 comfortable 편안한
☐ **comfort** her friend
그녀의 친구를 위로하다
☐ comfortable shoes
편안한 신발

072 **neither**
[níːðər]
🟣 ～도 …도 아니다
📗 neither A nor B
A도 B도 아닌
☐ neither good nor bad
좋지도 나쁘지도 않은

073 **marine**
[məríːn]
🟡 해양의
☐ **marine** animals
해양 동물

074 **death**
[deθ]
📖 사망
☐ the **death** rate
사망률

075 **purpose**
[pə́ːrpəs]
📖 목적
☐ the **purpose** of the test
그 시험의 목적

076 **sense**
[sens]
📖 감각
🔵 감지하다
☐ a **sense** of humor
유머 감각
☐ **sense** an earthquake
지진을 감지하다

077 **enjoyment**
[indʒɔ́imənt]
📖 즐거움
☐ find **enjoyment**
즐거움을 찾다

078 **brick**
[brik]
📖 벽돌
☐ be built of **bricks**
벽돌로 지어지다

079 **masterpiece** 명 걸작	☐ understand **masterpieces**
[mǽstərpìːs]	걸작을 이해하다

080 **unfortunately** 부 불행히도	☐ **Unfortunately**, I missed the train.
[ʌnfɔ́ːrtʃ*ə*nitli]	불행히도 나는 기차를 놓쳤다.

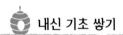 끝에 -(y가 없는 unfortunate는 '불행한'이라는 뜻의 형용사예요.

🍯 **내신 기초 쌓기**

 Track **04-1**

● 다음 빈칸에 알맞은 말을 넣어 문장을 완성하세요.

1 그것은 좋지도 나쁘지도 않다.

→ It is [   ] good nor bad.

2 누가 탁자 위의 작은 항아리를 깨뜨렸니?

→ Who broke the small [   ] on the table?

3 각각의 경기는 주요한 스포츠 행사가 되었다.

→ Each game was a [   ] sporting event.

4 Cindy의 노래가 전 세계의 사람들을 감동시켰다.

→ Cindy's song [   ] people from all around the world.

5 그 시험의 목적은 무엇이니?

→ What is the [   ] of the test?

6 털모자는 아기들의 사망률을 낮추는 데 도움을 준다.

→ Woolen caps help reduce the [   ] rate of babies.

7 이 국가의 몇몇 평범한 제스처들이 다른 국가에서는 큰 모욕이 될 수 있다.

→ Some common gestures in this country can be a big

[   ] in other countries.

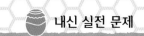
오답률 20%

A 다음 중 단어와 뜻이 <u>잘못</u> 연결된 것을 고르시오. 2점

① impress - 감동시키다   ② ease - 진정시키다   ③ purpose - 목적

④ comfort - 위로하다   ⑤ pimple - 관광

오답률 25%

B 다음 주어진 문장의 빈칸에 가장 적절한 단어를 고르시오. 2점

It is easy for a magician to _____ your eyes.

마술사가 너의 눈을 속이기는 쉽다.

① ease   ② trick   ③ insult   ④ spin   ⑤ sense

오답률 30%

C 다음 문장을 영작할 때 세 번째로 올 단어를 보기에서 고르시오. 2점

> 보기   그 다리는 벽돌로 지어졌다.
>
> of / was / bricks / the / built / bridge

① was   ② bridge   ③ of   ④ bricks   ⑤ built

오답률 50%

D 다음 중 단어의 영영 풀이가 <u>잘못된</u> 것을 고르시오. 2점

① marine: living in or happening in the sea

② death: the state of being dead

③ major: more important than others of the same type

④ jar: the reason why something is done or used

⑤ brick: a block used for building walls and other structures

오답률 80%

E 주어진 단어를 우리말과 같은 뜻이 되도록 바르게 배열하시오.

1 Kate는 여드름이 있니? 3점

(does / have / a / pimple / Kate)

_____

2 좋은 친구들은 네가 슬플 때 너를 위로해줄 수 있다. 4점

(friends / can / good / you / when / comfort / sad / you / are)

_____

⬡ 내신 기본 단어

🎵 Track 05

---

081 leather
[léðər]

명 가죽

☐ **leather** shoes
가죽신

082 shuttle
[ʃʌ́tl]

명 우주선
🔗 space shuttle

☐ sleep on a space **shuttle**
우주선에서 잠을 자다

083 bill
[bil]

명 지폐

☐ a one-dollar **bill**
1달러짜리 지폐

084 capital
[kǽpitl]

명 1 수도 2 대문자

☐ the **capital** of Japan
일본의 수도
☐ write in **capitals**
대문자로 쓰다

085 raw
[rɔː]

형 날것의

☐ a **raw** egg
날달걀

086 wallpaper
[wɔ́ːlpèipər]

명 벽지

☐ the pattern of the
wallpaper
그 벽지의 무늬

087 heavily
[hévili]

부 1 심하게
2 힘겹게

☐ rain **heavily**
심하게 비가 내리다
☐ move **heavily**
힘겹게 움직이다

088 available
[əvéiləbl]

형 이용 가능한

☐ become **available**
이용 가능해지다

| 089 **repair**
[ripέər] | 명 수리
동 수리하다 | □ a **repair** shop
수리점
□ **repair** a computer
컴퓨터를 수리하다 |

089 **repair**
[ripέər]

명 수리
동 수리하다

□ a **repair** shop
수리점
□ **repair** a computer
컴퓨터를 수리하다

090 **cheat**
[tʃiːt]

동 속이다

□ **cheat** someone else
다른 누군가를 속이다

091 **display**
[displéi]

동 전시하다
명 전시
숙 put ~ on display
~을 전시하다

□ **display** photos
사진을 전시하다
□ put her works on
display
그녀의 작품을 전시하다

092 **argument**
[áːrgjumənt]

명 말다툼

□ have an **argument**
말다툼을 하다

093 **nor**
[nɔːr]

접 ~도 …도 아니다

□ neither fast **nor** safe
빠르지도 안전하지도 않은

094 **folk**
[fouk]

형 민속의

□ a Korean **folk** painting
한국 민속화

095 **bump**
[bʌmp]

동 부딪히다
명 혹, 장애물

□ **bump** into a chair
의자에 부딪히다
□ avoid a speed **bump**
과속 방지 턱을 피하다

096 **greeting**
[gríːtiŋ]

명 인사, 인사말

□ **greeting** manners
인사 예절

099 **article**
[áːrtikl]

명 기사

□ a newspaper **article**
신문 기사

100 **realistic**
[rìːəlístik]

형 현실적인
반 unrealistic 비현실적인

□ a **realistic** goal
현실적인 목표

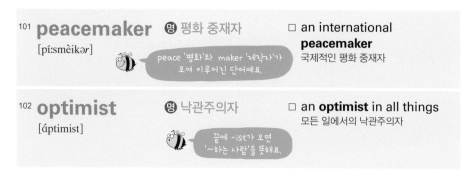

101 **peacemaker** 명 평화 중재자
[píːsmèikər]

peace '평화'와 maker '제작자'가 모여 이루어진 단어예요.

□ an international **peacemaker**
국제적인 평화 중재자

102 **optimist** 명 낙관주의자
[áptimist]

끝에 -ist가 오면 '~하는 사람'을 뜻해요.

□ an **optimist** in all things
모든 일에서의 낙관주의자

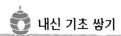 내신 기초 쌓기

 Track **05-1**

● 다음 빈칸에 알맞은 말을 넣어 문장을 완성하세요.

1 오늘 아침 그는 수리점에 전화하는 것을 잊었다.

→ He forgot to call the ⬚ shop this morning.

2 호랑이는 천천히 그리고 힘겹게 움직였다.

→ The tiger moved slowly and ⬚ .

3 나는 그 벽지 무늬를 좋아하지 않는다.

→ I don't like the pattern of the ⬚ .

4 Jennifer는 그녀의 여동생과 말다툼을 했다.

→ Jennifer had an ⬚ with her younger sister.

5 날달걀은 안쪽에 있는 액체 때문에 빨리 돌 수 없다.

→ A ⬚ egg can't spin fast because of the liquid inside.

6 '니 하오'는 중국인들에 의해 사용되는 인사말이다.

→ Ni hao is a ⬚ which is used by Chinese people.

7 James는 다른 누군가를 같은 방법으로 속이려고 노력했다.

→ James tried to ⬚ someone else in the same way.

28

A 오답률 20%
다음 중 단어와 뜻이 <u>잘못</u> 연결된 것을 고르시오. 2점

① bill - 지폐   ② leather - 가죽   ③ article - 기사

④ available - 날것의   ⑤ argument - 말다툼

B 오답률 25%
다음 주어진 문장의 빈칸에 가장 적절한 단어를 고르시오. 2점

Peter is planning to learn how to paint Korean _____ paintings.

Peter는 한국 민속화를 그리는 방법을 배울 계획이다.

① folk   ② shuttle   ③ article   ④ greeting   ⑤ bump

C 오답률 30%
다음 문장을 영작할 때 네 번째로 올 단어를 보기에서 고르시오. 2점

> 보기   우리는 복도에 그 사진들을 전시하기로 결정했다.
> we / display / the / in / photos / the / decided / to / hallway

① decided   ② photos   ③ display   ④ to   ⑤ hallway

D 오답률 50%
다음 중 단어의 영영 풀이가 <u>잘못된</u> 것을 고르시오. 2점

① cheat: to do something that is not honest

② peacemaker: someone who believes that good things will happen

③ capital: the most important city in a country or state

④ wallpaper: thick paper that you stick on walls inside a house

⑤ greeting: something you say or do when you meet someone

E 오답률 80%
주어진 단어를 우리말과 같은 뜻이 되도록 바르게 배열하시오.

1 Sam은 나에게 1달러짜리 지폐를 주었다. 3점

(Sam / me / one-dollar / a / bill / gave)

_____

2 그는 반기문과 같은 국제적인 평화 중재자가 되기를 원한다. 4점

(he / to / peacemaker / international / an / wants / like / Ban Ki-moon / be)

_____

🔷 내신 기본 단어

101 **discount** [dískaunt]	명 할인	☐ get a **discount** 할인을 받다
102 **tick** [tik]	동 똑딱거리다	☐ a clock that **ticks** noisily 시끄럽게 똑딱거리는 시계
103 **closet** [klázit]	명 옷장	☐ hang it in the **closet** 그것을 옷장에 걸다
104 **importance** [impɔ́:rtəns]	명 중요성 파 important 중요한	☐ the **importance** of teamwork 팀워크의 중요성
105 **twisted** [twístid]	형 뒤틀린	☐ a mass of **twisted** metal 뒤틀린 금속 덩어리
106 **buddy** [bʌ́di]	명 친구 유 friend	☐ a good **buddy** 좋은 친구
107 **simply** [símpli]	부 단지	☐ **simply** click a mouse 단지 마우스를 클릭하다
108 **nutrition** [nju:trí∫ən]	명 영양	☐ get enough **nutrition** 충분한 영양을 섭취하다

| 109 **headlight**
[hédlàit] | 명 전조등 | □ the **headlights** of a car
차의 전조등 |

| 110 **childhood**
[tʃáildhùd] | 명 어린 시절 | □ a **childhood** picture
어린 시절 사진 |

| 111 **blackboard**
[blǽkbɔ̀ːrd] | 명 칠판 | □ clean a **blackboard**
칠판을 지우다 |

| 112 **support**
[səpɔ́ːrt] | 동 지원하다, 후원하다
명 지원, 지지 | □ **support** a festival
축제를 후원하다
□ **support** for workers
근로자에 대한 지원 |

| 113 **senior**
[síːnjər] | 명 1 연장자 2 노인 | □ **seniors** in need
도움이 필요한 노인들 |

| 114 **dedication**
[dèdikéiʃən] | 명 헌신 | □ service and **dedication**
봉사와 헌신 |

| 115 **thief**
[θiːf] | 명 도둑 | □ catch a **thief**
도둑을 잡다 |

| 116 **toothache**
[túːθèik] | 명 치통 | □ a terrible **toothache**
심한 치통 |

| 117 **according**
[əkɔ́ːrdiŋ] | 부 ~에 따르면
숙 according to ~에 따르면 | □ **according** to a study
한 연구에 따르면 |

| 118 **system**
[sístəm] | 명 체계 | □ the solar **system**
태양계 |

내신 심화 단어

119 peasant 📛 농부 □ the **peasants** in the picture
[pézənt] 사진 속의 농부들

120 information 📛 정보 □ helpful **information**
[infərméiʃən] 유용한 정보

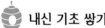
셀 수 없는 명사니까 끝에
-s를 붙이면 안 돼요.

내신 기초 쌓기

● 다음 빈칸에 알맞은 말을 넣어 문장을 완성하세요.

1 수성은 태양계에서 가장 작은 행성이다.

→ Mercury is the smallest planet in the solar ⬜.

2 그들은 많은 가게에서 할인을 받았다.

→ They got a ⬜ at a lot of shops.

3 충돌 사고 후에 그 차는 뒤틀린 금속 덩어리가 되었다.

→ The car became a mass of ⬜ metal after the crash.

4 너는 그들의 봉사와 헌신에 감사해야 해.

→ You should thank them for their service and ⬜.

5 그녀는 심한 치통 때문에 제대로 씹을 수가 없다.

→ She can't chew properly because of a terrible ⬜.

6 한 연구에 따르면, 뜨거운 코코아는 건강에 좋다.

→ ⬜ to a study, hot cocoa is good for your health.

7 너는 단지 컴퓨터에서 마우스를 클릭함으로써 많은 일을 할 수 있다.

→ You can do lots of things by ⬜ clicking a mouse on
the computer.

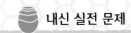

/ 15점

오답률 20%

A 다음 중 단어와 뜻이 <u>잘못</u> 연결된 것을 고르시오. **2점**

① discount - 할인   ② system - 체계   ③ dedication - 단지

④ senior - 연장자   ⑤ importance - 중요성

오답률 25%

B 다음 주어진 문장의 빈칸에 가장 적절한 단어를 고르시오. **2점**

I have read a book about the _____ of teamwork.

나는 팀워크의 중요성에 대한 책을 읽었다.

① buddy   ② information   ③ importance   ④ nutrition   ⑤ system

오답률 30%

C 다음 문장을 영작할 때 세 번째로 올 단어를 보기에서 고르시오. **2점**

> **보기**   지역 주민들이 이 축제를 후원한다.
>
> festival / this / support / local / residents

① local   ② support   ③ festival   ④ residents   ⑤ this

오답률 50%

D 다음 중 단어의 영영 풀이가 <u>잘못된</u> 것을 고르시오. **2점**

① buddy: a close friend

② thief: someone that steals especially secretly

③ nutrition: the time of your life when you are a child

④ closet: a small room or space that is used for storing things

⑤ information: knowledge that you get about someone or something

오답률 80%

E 주어진 단어들을 우리말과 같은 뜻이 되도록 바르게 배열하시오.

1 멋진 셔츠 몇 벌이 옷장에 걸려 있다. **3점**

(are / in / the / shirts / closet / nice / some / hanging)

_____

2 그 프로그램은 우리에게 유용한 정보를 제공한다. **4점**

(the / us / helpful / program / gives / information)

_____

DAY 07

| 121 **sleepy**
[slíːpi] | 형 졸린
혼 asleep 잠든 | □ feel **sleepy**
졸리다 |

| 122 **cabbage**
[kǽbidʒ] | 명 양배추 | □ put a **cabbage** in a pot
냄비에 양배추를 넣다 |

| 123 **familiar**
[fəmíljər] | 형 익숙한
숙 be familiar with
〜에 익숙하다 | □ a **familiar** song
익숙한 노래
□ be familiar with the story
그 이야기에 익숙하다 |

| 124 **cheerful**
[tʃíərfəl] | 형 쾌활한 | □ a **cheerful** woman
쾌활한 여성 |

| 125 **private**
[práivit] | 형 사적인 | □ their **private** life
그들의 사생활 |

| 126 **form**
[fɔːrm] | 명 (문서의) 양식
동 (형태를) 만들다 | □ an application **form**
지원서 양식
□ **form** a circle
원을 만들다 |

| 127 **below**
[bilóu] | 전 〜의 아래에
부 아래에 | □ 15 degrees **below** zero
영하 15도
□ see **below**
아래를 보다 |

| 128 **wetland**
[wétlænd] | 명 습지 | □ visit a **wetland**
습지를 방문하다 |

129 **track**
[træk]

명 1 길 2 경주로

□ a mud **track**
진흙 길

130 **somewhere**
[sʌ́mʰwɛ̀ər]

부 어딘가에

□ go **somewhere**
어딘가에 가다

131 **chain**
[tʃein]

동 (쇠사슬로) 묶다
명 연결 고리

□ **chain** my bicycle to the gate
내 자전거를 문에 묶다

□ the **chain** of love
사랑의 연결 고리

132 **apology**
[əpɑ́lədʒi]

명 사과

□ an **apology** letter
사과 편지

133 **responsible**
[rispɑ́nsəbl]

형 책임(감) 있는
숙 be responsible for
~에 대한 책임이 있다

□ a **responsible** person
책임감 있는 사람

□ be responsible for the accident
그 사고에 책임이 있다

134 **exit**
[éksit]

명 출구
동 나가다

□ find an **exit**
출구를 찾다

□ **exit** a building
건물을 나가다

135 **concrete**
[kɑ́nkri:t]

명 콘크리트

□ pour **concrete**
콘크리트를 붓다

136 **soldier**
[sóuldʒər]

명 병사, 군인

□ a sick **soldier**
아픈 병사

137 **physical**
[fízikəl]

형 신체적인
반 mental 정신적인

□ a **physical** disability
신체적인 장애

138 **interview**
[íntərvjù:]

동 인터뷰하다

□ **interview** a cameraman
카메라맨을 인터뷰하다

139 **hopeful**
[hóupfəl]

형 희망에 가득 찬

☐ a **hopeful** spirit
희망에 가득 찬 정신

140 **disadvantage**
[dìsədvǽntidʒ]

명 불리한 점, 단점

반 advantage 이점, 장점

'dis-'가 붙어 반대의
뜻이 되었어요.

☐ have **disadvantages**
불리한 점이 있다

☐ an economic advantage
경제적 이점

내신 기초 쌓기

Track 07-1

● 다음 빈칸에 알맞은 말을 넣어 문장을 완성하세요.

1 너는 아래에 있는 조언들을 따르는 게 좋을 거야.

→ You had better follow the tips [   ].

2 미로에서 출구를 찾는 것은 어렵다.

→ It is hard to find the [   ] in a maze.

3 냄비에 양배추를 넣고 소금을 첨가하세요.

→ Put a [   ] in the pot and add salt.

4 우리는 실제 경주로에서 달리기를 연습해야 한다.

→ We need to practice running on a real [   ].

5 이 지원서를 작성하는 방법을 설명해줄 수 있니?

→ Can you explain how to fill out this application [   ]?

6 나도 그 문제에 대한 책임이 있다.

→ I am also [   ] for the matter.

7 그는 어젯밤 늦게까지 컴퓨터 게임을 해서 졸리다.

→ He feels [   ] because he played computer games late last night.

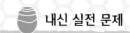

/ 15점

A 다음 중 단어와 뜻이 <u>잘못</u> 연결된 것을 고르시오. 2점

① cheerful - 쾌활한 ② cabbage - 양배추 ③ responsible - 책임 있는

④ wetland - 습지 ⑤ private - 출구

B 다음 주어진 문장의 빈칸에 가장 적절한 단어를 고르시오. 2점

Peter did his best to overcome his _____ disability.

Peter는 자신의 신체적 장애를 극복하기 위해 최선을 다했다.

① chain ② form ③ physical ④ interview ⑤ concrete

C 다음 문장을 영작할 때 <u>다섯 번째</u>로 올 단어를 보기에서 고르시오. 2점

> 보기 그녀는 그런 종류의 음악에 익숙하지 않다.
> kind / is / familiar / she / not / with / of / that / music

① music ② kind ③ familiar ④ with ⑤ not

D 다음 중 단어의 영영 풀이가 <u>잘못된</u> 것을 고르시오. 2점

① soldier: someone who is a member of an army

② chain: a series of metal rings connected to each other

③ sleepy: tired and ready to fall asleep

④ track: a door that leads out of a public place

⑤ physical: relating to your body rather than your mind

E 주어진 단어들을 우리말과 같은 뜻이 되도록 바르게 배열하시오.

1 많은 습지들이 빠르게 사라지고 있다. 3점

(wetlands / are / many / rapidly / disappearing)

_____

2 새로운 시작은 항상 나를 희망에 가득 차게 만든다. 4점

(new / always / me / a / start / hopeful / makes)

_____

 내신 기본 단어

141 **aim** [eim]	통 목표하다	□ **aim** higher 더 높은 것을 목표하다
142 **staff** [stæf]	명 (전체) 직원	□ the teaching **staff** 교직원
143 **ever** [évər]	부 언젠가	□ have **ever** seen before 전에 (언젠가) 본 적이 있다
144 **soap** [soup]	명 비누	□ **soaps** and candles 비누와 초들
145 **peak** [pi:k]	명 봉우리	□ the highest **peak** 가장 높은 봉우리
146 **comment** [kάment]	명 의견 통 논평하다	□ a helpful **comment** 도움이 되는 의견 □ **comment** on the decision 그 결정에 대해 논평하다
147 **besides** [bisáidz]	부 게다가	□ **Besides**, it's too late. 게다가 너무 늦었어.
148 **lend** [lend]	통 빌려주다	□ **lend** her some money 그녀에게 돈을 조금 빌려주다

38

149 **product** [prάdəkt]	명 제품 피 production 생산	☐ an office **product** 사무용품 ☐ mass production 대량 생산
150 **beg** [beg]	동 간청하다 • beg - begged - begged	☐ **beg** him for help 그에게 도와 달라고 간청하다
151 **scream** [skri:m]	동 소리를 지르다	☐ a **screaming** child 소리 지르는 아이
152 **passion** [pǽʃən]	명 열정	☐ a strong **passion** 강한 열정
153 **offer** [ɔ́(:)fər]	동 제공하다 명 제안	☐ **offer** a coupon 할인권을 제공하다 ☐ accept his **offer** 그의 제안을 받아들이다
154 **spoonful** [spúːnfùl]	명 한 숟가락	☐ a **spoonful** of sugar 설탕 한 숟가락
155 **channel** [tʃǽnl]	명 1 채널 2 수로	☐ on **Channel** 12 채널 12에서 ☐ a huge **channel** 거대한 수로
156 **construction** [kənstrʌ́kʃən]	명 건설	☐ a **construction** site 건설 현장
157 **period** [píəriəd]	명 기간	☐ a short **period** 단기간
158 **misunderstand** [mìsʌndərstǽnd]	동 오해하다 반 understand 이해하다	☐ **misunderstand** each other 서로 오해하다

159 **magpie**
[mǽgpài]

명 까치

☐ a **magpie** on a pine tree
소나무 위의 까치

160 **encourage**
[inkɔ́ːridʒ]

동 격려하다

☐ **encourage** her to study
공부하라고 그녀를 격려하다

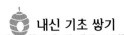
명사형은 encouragement로 '격려'라는 뜻이에요.

🐝 **내신 기초 쌓기**

 Track **08-1**

● 다음 빈칸에 알맞은 말을 넣어 문장을 완성하세요.

1 Peter는 새로운 사무용품을 개발하는 데 실패했다.

→ Peter failed to invent a new office [   ].

2 너는 비행접시를 본 적 있니?

→ Have you [   ] seen a flying saucer?

3 공포 영화들은 Cindy로 하여금 항상 소리를 지르게 한다.

→ Horror movies make Cindy [   ] all the time.

4 Jennifer는 그녀의 친구에게 돈을 조금 빌려달라고 부탁하고 있다.

→ Jennifer is asking her friend to [   ] her some money.

5 나는 이번 일요일에 채널 12에서 하는 퀴즈쇼를 볼 것이다.

→ I will watch the quiz show on [   ] 12 this Sunday.

6 그녀는 직원들을 인터뷰하기 위해 그 가게를 방문할 것이다.

→ She will visit the shop to interview the [   ].

7 심지어 사랑하는 사람들도 가끔 서로 오해한다.

→ Even loved ones [   ] each other sometimes.

내신 실전 문제

오답률 20%

A 다음 중 단어와 뜻이 잘못 연결된 것을 고르시오. **2점**

① beg - 간청하다　② peak - 봉우리　③ misunderstand - 오해하다

④ aim - 건설　⑤ period - 기간

오답률 25%

B 다음 주어진 문장의 빈칸에 가장 적절한 단어를 고르시오. **2점**

I like Jennifer because of her strong _____ for soccer.

축구에 대한 그녀의 강한 열정 때문에 나는 Jennifer를 좋아한다.

① staff　② passion　③ peak　④ comment　⑤ soap

오답률 30%

C 다음 문장을 영작할 때 여덟 번째로 올 단어를 보기에서 고르시오. **2점**

> **보기**　우리는 단기간에 영어를 정복하기를 원한다.
> we / to / master / English / a / short / in / period / want

① short　② master　③ time　④ want　⑤ period

오답률 50%

D 다음 중 단어의 영영 풀이가 잘못된 것을 고르시오. **2점**

① passion: a very strong belief or feeling about something

② staff: a group of people who work for an organization

③ product: something that is made to be sold

④ lend: to give someone something for a short time

⑤ channel: a substance that is used for washing something

오답률 80%

E 주어진 단어들을 우리말과 같은 뜻이 되도록 바르게 배열하시오.

1 Sam은 그 소녀에게 할인권을 제공했다. **3점**

(Sam / a / to / the / girl / coupon / offered)

_____

2 Rex는 그녀를 격려하기 위해 무엇을 했니? **4점**

(Rex / did / do / encourage / what / to / her)

_____

DAY 09

내신 기본 단어

161 **tomb** [tuːm]	명 무덤	☐ a stone **tomb** 돌무덤
162 **increase** [inkríːs]	동 늘리다	☐ **increase** the amount of water 물의 양을 늘리다
163 **pillow** [pílou]	명 베개	☐ wooden **pillow** 목침
164 **transfer** [trænsfə́ːr]	동 옮기다	☐ **transfer** money 돈을 이체하다
165 **modern** [mádərn]	형 현대식의	☐ a **modern** house 현대식 집
166 **unlike** [ʌnláik]	전 ~와 달리	☐ **unlike** most cats 대부분의 고양이들과 달리
167 **thumb** [θʌm]	명 엄지손가락	☐ **thumbs**-up 엄지손가락 들어올리기
168 **respect** [rispékt]	동 존경하다	☐ **respect** teachers 선생님을 존경하다

169 organize
[ɔ́:rgənàiz]

동 조직하다

☐ **organize** a team
팀을 조직하다

170 allow
[əláu]

동 허락하다

☐ **allow** us to practice
우리가 연습하는 것을 허락하다

171 calmly
[káːmli]

부 조용히, 고요히
파 calm 차분한

☐ sleep **calmly**
고요히 잠들다

☐ a calm voice
차분한 목소리

172 upper
[ápər]

형 위쪽의

☐ the **upper** part
위쪽 부분

173 lean
[liːn]

동 기울다, 기대다
숙 lean over 몸을 구부리다

☐ **lean** to the left
왼쪽으로 기대다

☐ lean over to the person
그 사람에게로 몸을 구부리다

174 strikeout
[stráikàut]

명 삼진아웃

☐ a **strikeout** record
삼진아웃 기록

175 puzzle
[pázl]

명 퍼즐

☐ solve a **puzzle**
퍼즐을 풀다

176 mention
[ménʃən]

동 언급하다

☐ **mention** an issue
어떤 문제를 언급하다

177 grassland
[grǽslæ̀nd]

명 초원

☐ stay in the **grassland**
초원에 머물다

178 pine
[pain]

명 소나무

☐ a **pine** tree
소나무

내신 심화 단어

179 **species**
[spíːʃi(ː)z]

명 (분류상의) 종

□ an animal **species**
한 종의 동물

□ different **species**
다른 종들

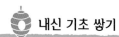
단수와 복수의
형태가 같아요.

180 **cox**
[kɑks]

명 (보트의) 키잡이

□ a boat without a **cox**
키잡이 없는 배

보트의 키를 조종하는
사람을 뜻해요

내신 기초 쌓기

 Track **09-1**

● 다음 빈칸에 알맞은 말을 넣어 문장을 완성하세요.

1 그는 초원에서 말을 기르라는 명령을 받았다.

→ He was ordered to raise the horses in the _____.

2 너는 그 사진의 위쪽 부분을 잘라내야 한다.

→ You need to cut off the _____ part of the picture.

3 Peter는 내게 그 문제를 언급하지 말라고 부탁했다.

→ Peter asked me not to _____ the issue.

4 내가 다른 계좌로 돈을 이체할 수 있을까요?

→ Can I _____ money to another account?

5 그녀는 네가 조용히 자는 것을 보고 싶어 해.

→ She wants to see you sleep _____.

6 대부분의 고양이들과 달리, 이 고양이는 물에서 노는 것을 좋아한다.

→ _____ most cats, this cat likes playing in the water.

7 그는 우리가 오후 7시 이후에 연습하는 것을 허락하지 않았다.

→ He didn't _____ us to practice after 7 p.m.

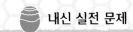
오답률 20%

A 다음 중 단어와 뜻이 <u>잘못</u> 연결된 것을 고르시오. 2점

① lean - 기대다　　② pillow - 베개　　③ respect - 존경하다

④ transfer - 옮기다　　⑤ upper - 고요히

오답률 25%

B 다음 주어진 문장의 빈칸에 가장 적절한 단어를 고르시오. 2점

Sue wants to live in a _____ house because it's convenient.

편리하기 때문에 Sue는 현대식 집에 살기를 원한다.

① unlike　　② calmy　　③ lean　　④ modern　　⑤ upper

오답률 30%

C 다음 문장을 영작할 때 네 번째로 올 단어를 보기에서 고르시오. 2점

> 보기　　그 도시는 CCTV의 수를 늘릴 것이다.
> the / city / increase / will / CCTVs / the / number / of

① increase　　② the　　③ CCTVs　　④ will　　⑤ city

오답률 50%

D 다음 중 단어의 영영 풀이가 <u>잘못된</u> 것을 고르시오. 2점

① tomb: a grave in which a dead person is buried

② allow: to permit someone to have or do something

③ cox: a bag filled with soft material that is used as a cushion

④ thumb: the short, thick finger on the side of your hand

⑤ species: a group of animals or plants that are similar

오답률 80%

E 주어진 단어들을 우리말과 같은 뜻이 되도록 바르게 배열하시오.

1 우리는 그 쓰레기를 청소할 팀을 조직했다. 3점

(we / a team / to / clean up / organized / the / garbage)

_____

2 20분마다 한 종의 동물이 사라지고 있다. 4점

(species / animal / every / an / disappears / minutes / twenty)

_____

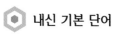 내신 기본 단어

 Track 10

181 **terrible** [térəbl]	휑 끔찍한	☐ a **terrible** mistake 끔찍한 실수
182 **bet** [bet]	동 1 돈을 걸다 2 확신하다	☐ **bet** 20 dollars 20달러를 걸다 ☐ I **bet** you're cold. 네가 추울 거라고 확신해.
183 **lively** [láivli]	휑 활기찬	☐ a **lively** place 활기찬 장소
184 **require** [rikwáiər]	동 필요로 하다	☐ **require** solutions 해결책을 필요로 하다
185 **notice** [nóutis]	동 알아차리다 명 공지	☐ **notice** a little thing 작은 것을 알아차리다 ☐ see the **notice** 그 공지를 보다
186 **flow** [flou]	동 흐르다	☐ **flow** toward a valley 계곡으로 흐르다
187 **cartoon** [kɑːrtúːn]	명 만화	☐ draw a **cartoon** 만화를 그리다
188 **animated** [ǽnəmèitid]	휑 만화 영화의	☐ an **animated** movie 만화 영화

189 submarine
[sʌ̀bməríːn]

명 잠수함

□ boats and **submarines**
보트와 잠수함들

190 react
[riǽkt]

동 반응하다
파 reaction 반응

□ **react** differently
다르게 반응하다
□ a **reaction** to the news
그 소식에 대한 반응

191 clearly
[klíərli]

부 분명하게

□ see it **clearly**
그것을 분명하게 보다

192 vision
[víʒən]

명 1 시력 2 환상

□ a **vision** problem
시력 문제
□ a **vision** of the world
세상에 대한 환상

193 fabric
[fǽbrik]

명 직물

□ a soft **fabric**
부드러운 직물

194 cave
[keiv]

명 동굴

□ live in a **cave**
동굴에서 살다

195 disappear
[dìsəpíər]

동 사라지다
반 appear 나타나다

□ **disappear** from Earth
지구에서 사라지다

196 interestingly
[íntəristiŋli]

부 흥미롭게
파 interesting 흥미로운

□ speak **interestingly**
흥미롭게 말하다

197 fashionable
[fǽʃənəbl]

형 패션 감각이 뛰어난

□ look **fashionable**
패션 감각이 뛰어나 보이다

198 magnet
[mǽgnit]

명 자석
파 magnetic 자석의

□ opposite poles of a
magnet
자석의 반대 극
□ a magnetic field
자기장

199 **opportunity** 명 기회
[àpərtjúːnəti]
☐ a wonderful **opportunity**
멋진 기회

'p'를 두 번 써줘야 해요

200 **disposable** 형 일회용의
[dispóuzəbl]
☐ **disposable** gloves
일회용 장갑

🐝 내신 기초 쌓기

Track **10-1**

● 다음 빈칸에 알맞은 말을 넣어 문장을 완성하세요.

1 Cindy는 자기가 끔찍한 실수를 했다고 생각한다.

→ Cindy thinks she made a [ ] mistake.

2 Aladdin은 그 동굴을 열기 위해 열쇠를 이용하지 않았다.

→ Aladdin didn't use a key to open the [ ].

3 자석의 반대 극들은 서로 당긴다.

→ Opposite poles of a [ ] attract each other.

4 너무 많은 빛은 시력 문제를 일으킬 수 있다.

→ Too much light can cause [ ] problems.

5 아마도 그들은 같은 상황에 다르게 반응할 것이다.

→ Maybe they will [ ] differently to the same situation.

6 Jennifer는 자제력을 잃었고 눈물이 흐르기 시작했다.

→ Jennifer lost control, and the tears began to [ ].

7 너는 그들 중 일부가 열심히 일하지 않았다는 것을 알아챘니?

→ Did you [ ] that some of them didn't work hard?

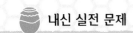
오답률 20%

A 다음 중 단어와 뜻이 **잘못** 연결된 것을 고르시오. **2점**

① require - 요구하다 ② flow - 흐르다 ③ disappear - 사라지다

④ terrible - 끔찍한 ⑤ bet - 직물

오답률 25%

B 다음 주어진 문장의 빈칸에 가장 적절한 단어를 고르시오. **2점**

Peter wants to see many dolphins on a _____ trip.

Peter는 잠수함 여행에서 많은 돌고래들을 보고 싶어 한다.

① terrible ② submarine ③ fabric ④ cave ⑤ magnet

오답률 30%

C 다음 문장을 영작할 때 **네 번째로** 올 단어를 보기에서 고르시오. **2점**

> **보기** ▶ 애완동물들은 많은 보살핌과 관심을 필요로 한다.
>
> a / care / of / require / and / attention / pets / lot

① lot ② pets ③ care ④ attention ⑤ require

오답률 50%

D 다음 중 단어의 영영 풀이가 **잘못된** 것을 고르시오. **2점**

① react: to behave in a particular way when something happens

② magnet: a material that can attract certain metals

③ cartoon: a humorous drawing in a magazine or newspaper

④ disposable: the amount of time in which something can be done

⑤ cave: a large hole in the side of a hill or under the ground

오답률 80%

E 주어진 단어들을 우리말과 같은 뜻이 되도록 바르게 배열하시오.

1 사진 속의 소녀들은 매우 활기차 보인다. **3점**

(girls / the / picture / look / lively / in / very / the)

_____

2 내 친구들은 많은 일회용 제품들을 사용한다. **4점**

(friends / a / of / products / use / disposable / my / lot)

_____

내신 기본 단어

 Track 11

201 **campaign** [kæmpéin]	명 캠페인	□ a **campaign** activity 캠페인 활동
202 **previous** [príːviəs]	형 이전의	□ the **previous** year 지난해
203 **highness** [háinis]	명 전하	□ your **highness** 전하
204 **publish** [pʌ́bliʃ]	동 출판하다 파 publisher 출판사	□ **publish** a poetry book 시집을 출판하다
205 **shot** [ʃat]	명 사진, 촬영	□ take a **shot** 사진을 찍다 [촬영하다]
206 **western** [wéstərn]	형 서양의	□ **western** countries 서양의 국가들
207 **although** [ɔːlðóu]	접 비록 ～일지라도	□ **although** she is pretty 비록 그녀가 예쁠지라도
208 **waterproof** [wɔ́ːtərprùːf]	형 방수의	□ **waterproof** paint 방수 페인트

209 monthly
[mʌ́nθli]

형 1 한 달에 한 번의
2 한 달치의

☐ a **monthly** magazine
월간지

☐ a **monthly** budget
한 달 예산

210 unfair
[ʌnféər]

형 부당한
반 fair 공정한

☐ an **unfair** situation
부당한 상황

☐ a fair king
공정한 왕

211 code
[koud]

명 암호, 번호

☐ a zip **code**
우편 번호

212 receipt
[risíːt]

명 영수증

☐ keep the **receipt**
영수증을 간직하다

213 illusion
[ilúːʒən]

명 환상, 착각

☐ a sweet **illusion**
달콤한 환상

214 honor
[ánər]

명 1 명예
2 (판사 등) 경칭

☐ lose **honor**
명예를 잃다

☐ your **honor**
판사님

215 plenty
[plénti]

명 충분한 양
숙 plenty of 충분한, 많은

☐ **plenty** of sunlight
충분한 양의 햇볕

216 lifestyle
[láifstàil]

명 생활양식

☐ different **lifestyles**
다양한 생활양식

217 closely
[klóusli]

부 자세히, 가까이

☐ look at the picture
closely
그림을 자세히 보다

218 sandstorm
[sǽndstɔ̀ːrm]

명 모래 폭풍

☐ a heavy **sandstorm**
심한 모래 폭풍

219 **infection** [infékʃən]	명 감염	☐ the risk of **infection** 감염의 위험
220 **participate** [pɑːrtísəpèit]	동 참가하다	☐ **participate** in sports 운동 경기에 참가하다

take part in도 '~에
참가하다'라는 뜻이에요.

내신 기초 쌓기

● 다음 빈칸에 알맞은 말을 넣어 문장을 완성하세요.

1 감염의 위험은 아이들 사이에서 더 높다.

→ The risk of ⬚ is higher among children.

2 충분한 양의 햇볕을 쬐는 것은 중요하다.

→ It is important to get ⬚ of sunlight.

3 환상은 너로 하여금 가상의 것들을 볼 수 있게 해준다.

→ An ⬚ can make you see virtual things.

4 James는 그 규칙들이 그에게 부당하기 때문에 화가 났을 것이다.

→ James must be angry because the rules are ⬚ to him.

5 그 빨간 재킷은 방수 기능이 있다.

→ The red jacket is ⬚ .

6 비록 그녀가 그것을 개선시켰을지라도, 그 기계는 완벽하지 않다.

→ ⬚ she has improved the machine, it is not perfect.

7 그는 자신의 사진을 찍어서 블로그에 올릴 것이다.

→ He will just take a ⬚ of himself and put it up on his blog.

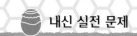

/ 15점

오답률 20%

A 다음 중 단어와 뜻이 **잘못** 연결된 것을 고르시오. **2점**

① lifestyle - 생활양식　　　② shot - 촬영　　　③ previous - 방수의

④ honor - 명예　　　⑤ receipt - 영수증

오답률 25%

B 다음 주어진 문장의 빈칸에 가장 적절한 단어를 고르시오. **2점**

Could you tell me your address and zip _____?

나에게 너의 주소와 우편 번호를 좀 알려줄래?

① infection　　② code　　③ receipt　　④ honor　　⑤ publish

오답률 30%

C 다음 문장을 영작할 때 **일곱 번째**로 올 단어를 보기에서 고르시오. **2점**

> **보기**　　나는 지역 축제에 참가할 수 있기를 바란다.
> I / can / local / hope / I / participate / festivals / in

① local　　② hope　　③ festivals　　④ participate　　⑤ in

오답률 50%

D 다음 중 단어의 영영 풀이가 **잘못된** 것을 고르시오. **2점**

① unfair: not fair or reasonable

② participate: to take part in something

③ infection: the act of causing to become diseased

④ closely: in a way that involves careful attention to every detail

⑤ illusion: to produce something that people want to read

오답률 80%

E 주어진 단어들을 우리말과 같은 뜻이 되도록 바르게 배열하시오.

1 한 달치 지불액이 얼마니? **3점**

(much / are / the / monthly / how / payments)

_____

2 얼마나 많은 사람들이 캠페인에 참여하고 있니? **4점**

(people / how / are / part / many / taking / campaign / in / the)

_____

 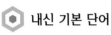
내신 기본 단어

---

221 **touched**
[tʌtʃt]

(형) 감동 받은

□ be **touched** by the story
그 이야기에 의해 감동 받다

222 **highway**
[háiwèi]

(명) 고속도로

□ drive on the **highway**
고속도로에서 운전하다

223 **bite**
[bait]

(명) 한입
(동) 물어뜯다

□ eat a cookie in one **bite**
한입에 과자를 먹다
□ **bite** my nails
내 손톱을 물어뜯다

224 **lovable**
[lʌ́vəbl]

(형) 사랑스러운

□ look **lovable**
사랑스러워 보이다

225 **humor**
[hjú:mər]

(명) 유머

□ a sense of **humor**
유머 감각

226 **empower**
[impáuər]

(동) 힘을 부여하다

□ **empower** women
여성에게 힘을 부여하다

227 **strip**
[strip]

(명) 가느다란 조각

□ cut into **strips**
가느다란 조각으로 자르다

228 **thankful**
[θǽŋkfəl]

(형) 감사하는

□ be **thankful** for your support
당신의 지지에 감사하다

54

229 advise
[ədváiz]

통 충고하다, 조언하다
파 advisor 조언자

☐ **advise** her to start early
그녀에게 일찍 출발하라고 충고하다

230 traffic
[trǽfik]

명 교통

☐ **traffic** jams
교통 체증

231 site
[sait]

명 1 장소 2 현장

☐ a historical **site**
유적지

☐ a construction **site**
건설 현장

232 action
[ǽkʃən]

명 행동

☐ take **action**
행동을 취하다

233 refuse
[rifjúːz]

동 거절하다

☐ **refuse** an offer
제안을 거절하다

234 shyness
[ʃáinis]

명 수줍음
파 shy 수줍은

☐ because of **shyness**
수줍음 때문에

235 completely
[kəmplíːtli]

부 완전히

☐ change your life **completely**
너의 인생을 완전히 바꾸다

236 throughout
[θruːáut]

전 ~내내, 통틀어

☐ **throughout** this week
이번 주 내내

237 strict
[strikt]

형 엄격한

☐ **strict** rules
엄격한 규칙

238 banner
[bǽnər]

명 현수막

☐ hang a **banner**
현수막을 걸다

239 **suspension**
[səspénʃən]
명 (일시적)정지

현수교는 'suspension bridge' 라고 해요.

☐ a **suspension** from school
정학

240 **orphan**
[ɔ́ːrfən]
명 고아

고아원은 'orphanage' 예요.

☐ help **orphans** learn
고아들이 배우는 것을 돕다

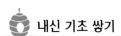 내신 기초 쌓기

● 다음 빈칸에 알맞은 말을 넣어 문장을 완성하세요.

1 교통 체증은 상하이의 가장 큰 문제이다.

→ [   ] jams are the biggest problem in Shanghai.

2 Jennifer는 이번 주 내내 매우 바빴다.

→ Jennifer has been very busy [   ] this week.

3 그들은 학생들에게 늘 엄격하다.

→ They are always [   ] with their students.

4 Kate는 팬들의 지지에 매우 감사했다.

→ Kate was so [   ] for her fans' support.

5 새로운 선생님은 그의 마음을 완전히 바꾸었다.

→ The new teacher [   ] changed his mind.

6 그녀는 빠른 속도로 고속도로에서 운전하고 있었다.

→ She was driving on the [   ] at a fast speed.

7 사람들에게 힘을 부여하는 가장 좋은 방법은 기술과 지식을 통해서이다.

→ The best way to [   ] people is through skills and knowledge.

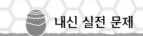

/ 15점

오답률 20%

A 다음 중 단어와 뜻이 <u>잘못</u> 연결된 것을 고르시오. **2점**

① highway - 고속도로　　② humor - 유머　　③ strict - 엄격한

④ banner - 현수막　　⑤ empower - 충고하다

오답률 25%

B 다음 주어진 문장의 빈칸에 가장 적절한 단어를 고르시오. **2점**

Many passengers were _____ by the kind flight attendant.

많은 승객들이 그 친절한 승무원에 의해 감동 받았다.

① completely　　② thankful　　③ touched　　④ action　　⑤ strict

오답률 30%

C 다음 문장을 영작할 때 <u>다섯 번째</u>로 올 단어를 보기에서 고르시오. **2점**

> **보기**　경찰은 학교 주변의 교통을 통제해야 한다.
> should / traffic / schools / around / the / police / control

① around　　② control　　③ should　　④ schools　　⑤ traffic

오답률 50%

D 다음 중 단어의 영영 풀이가 <u>잘못된</u> 것을 고르시오. **2점**

① lovable: very nice and easy to love

② refuse: to say that you will not accept something

③ site: a place where something important has happened

④ suspension: a large strip of cloth with a picture or writing on it

⑤ orphan: a child whose parents are dead

오답률 80%

E 주어진 단어들을 우리말과 같은 뜻이 되도록 바르게 배열하시오.

1 Dave는 과자를 한입에 다 먹었다. **3점**

(ate / the / cookie / Dave / one / in / bite)

_____

2 현수교를 본 적 있니? **4점**

(you / ever / have / a / bridge / seen / suspension)

_____

13

 Track **13**

---

241 truth
[tru:θ]

명 진실

☐ tell the **truth**
진실을 말하다

242 strongly
[strɔ́(:)ŋli]

부 강하게

☐ shine **strongly**
강하게 빛나다

243 medical
[médikəl]

형 의학의, 의료의

☐ a **medical** school
의과 대학

244 recover
[rikʌ́vər]

동 회복하다
파 recovery 회복

☐ **recover** his health
그의 건강을 회복하다
☐ a complete recovery
완전한 회복

245 paw
[pɔː]

명 (동물의) 발

☐ a lion's powerful **paws**
사자의 강력한 발

246 fry
[frai]

동 볶다, 튀기다

☐ **fry** vegetables
채소들을 볶다

247 account
[əkáunt]

명 계좌

☐ a bank **account**
은행 계좌

248 income
[ínkʌm]

명 소득

☐ a low **income**
낮은 소득 [저소득]

| 249 **hormone**
[hɔ́ːrmoun] | **명** 호르몬 | ☐ growth **hormone**
성장 호르몬 |

249 **hormone**
[hɔ́ːrmoun]   **명** 호르몬   ☐ growth **hormone**
성장 호르몬

250 **tribe**
[traib]   **명** 부족   ☐ an African **tribe**
아프리카의 한 부족

251 **necklace**
[néklis]   **명** 목걸이   ☐ a pearl **necklace**
진주 목걸이

252 **educate**
[édʒukèit]   **동** 교육하다   ☐ **educate** children
아이들을 교육하다

253 **delete**
[dilíːt]   **동** 삭제하다   ☐ **delete** a photo
사진을 삭제하다

254 **local**
[lóukəl]   **형** 지역의   ☐ a **local** hospital
지역 병원

255 **decision**
[disíʒən]   **명** 결정
파 decide 결정하다   ☐ make a **decision**
결정을 하다
☐ decide what to do
무엇을 해야 할지 결정하다

256 **correctly**
[kəréktli]   **부** 올바르게   ☐ answer **correctly**
올바르게 대답하다

257 **connect**
[kənékt]   **동** 연결하다   ☐ **connect** both sides of
the city
도시의 양쪽을 연결하다

258 **resident**
[rézidənt]   **명** 거주민   ☐ local **residents**
지역 주민

🔷 내신 심화 단어

259 **incubator**
[íŋkjəbèitər]
📖 인큐베이터[보육기]
너무 일찍 태어난 아기를 키우는 기기를 말해요.
☐ be placed in an **incubator**
인큐베이터 안에 들어가 있다

260 **delivery**
[dilívəri]
📖 배달
deliver '배달하다'의 끝에 '-y'가 붙어 명사가 되었어요.
☐ a **delivery** service
배달 서비스

🔶 내신 기초 쌓기

Track **13-1**

● 다음 빈칸에 알맞은 말을 넣어 문장을 완성하세요.

1 나는 그녀의 보살핌으로 건강을 회복할 수 있었다.

→ I was able to [＿＿＿＿＿＿＿] my health with her care.

2 John은 의사가 되기 위해서 의과 대학에 입학했다.

→ John entered a [＿＿＿＿＿＿＿] school to become a doctor.

3 성장 호르몬은 어린이들을 빨리 자라게 한다.

→ Growth [＿＿＿＿＿＿＿] causes children to grow rapidly.

4 그 사진이 마음에 들지 않으면, 그것을 삭제할 수 있다.

→ If you don't like the photo, you can [＿＿＿＿＿＿＿] it.

5 우리는 항상 진실을 말해야 한다.

→ We should always tell the [＿＿＿＿＿＿＿].

6 그 부족 사람들의 수가 증가하고 있다.

→ The number of people in the [＿＿＿＿＿＿＿] is increasing.

7 Kate는 내일 은행 계좌를 해지할 예정이다.

→ Kate is going to close her bank [＿＿＿＿＿＿＿] tomorrow.

/ 15점

A 오답률 20%

다음 중 단어와 뜻이 **잘못** 연결된 것을 고르시오. 2점

① account - 계좌　　② delete - 삭제하다　　③ medical - 의학의

④ recover - 회복하다　　⑤ resident - 소득

B 오답률 25%

다음 주어진 문장의 빈칸에 가장 적절한 단어를 고르시오. 2점

They built the bridge to _____ both sides of the city.

그들은 도시의 양쪽을 연결하기 위해 그 다리를 건설했다.

① delete　　② connect　　③ educate　　④ fry　　⑤ local

C 오답률 30%

다음 문장을 영작할 때 **네 번째**로 올 단어를 보기에서 고르시오. . 2점

> 보기　네가 결정을 해야 할 때야.
> time / you / is / to / make / for / a / it / decision

① time　　② decision　　③ for　　④ make　　⑤ is

D 오답률 50%

다음 중 단어의 영영 풀이가 **잘못된** 것을 고르시오. 2점

① fry: to cook food in fat or oil

② connect: to join two or more things together

③ delivery: the act of taking something to a person or place

④ educate: to remove or cross out something that has been written

⑤ paw: the foot of some animals such as cats and dogs

E 오답률 80%

주어진 단어들을 우리말과 같은 뜻이 되도록 바르게 배열하시오.

1 아이들을 교육하는 것은 매우 중요하다. 3점

(is / very / important / it / educate / to / children)

_____

2 Kate와 Sam은 한국의 음식 배달 서비스를 좋아한다. 4점

(Kate / like / and / Sam / food / in / delivery / Korea / services / the)

_____

내신 기본 단어

---

261 alive
[əláiv]

형 살아 있는

☐ stay **alive**
여전히 살아 있다

---

262 root
[ru(:)t]

명 뿌리

☐ a 6-year-old **root**
6년된 뿌리

---

263 chest
[tʃest]

명 가슴

☐ **chest** pains
가슴 통증

---

264 pushchair
[púʃtʃɛ̀ər]

명 유모차
유 stroller

☐ sleep in a **pushchair**
유모차 안에서 자다

---

265 peace
[pi:s]

명 평화
혼 piece 조각

☐ keep the **peace** in Korea
한국의 평화를 지키다

---

266 business
[bíznis]

명 사업

☐ a **business** trip
출장 [사업차 여행]

---

267 wide
[waid]

부 넓게
형 넓은

☐ travel far and **wide**
널리 여행하다
☐ tall and **wide**
높고 넓은

---

268 especially
[ispéʃəli]

부 특히

☐ worry **especially** about money
특히 돈에 대해서 걱정하다

---

269 **maple**
[méipl]

명 단풍나무

□ **maple** syrup
단풍나무 시럽 [메이플 시럽]

270 **unexpected**
[ʌ̀nikspéktid]

형 예상 밖의

□ **unexpected** answers
예상 밖의 대답들

271 **discussion**
[diskʌ́ʃən]

명 토론
파 discuss 토론하다

□ a class **discussion**
학급 토론

272 **rub**
[rʌb]

동 문지르다

□ **rub** the clothes
옷을 문지르다

273 **reason**
[ríːzən]

명 이유

□ the special **reason**
특별한 이유

274 **indoors**
[indɔ́ːrz]

부 실내에서

□ stay **indoors**
실내에 머무르다

275 **kindly**
[káindli]

부 친절하게

□ speak **kindly**
친절하게 말하다

276 **handle**
[hǽndl]

동 다루다
명 손잡이

□ **handle** all the sounds
모든 소리를 다루다
□ the faucet's **handle**
수도꼭지 손잡이

277 **lower**
[lóuər]

동 낮추다
참 lower low (낮은)의 비교급

□ **lower** the temperature
온도를 낮추다
□ the lower part
더 낮은 부분

278 **survey**
[sə́ːrvei]

명 설문조사

□ do a **survey**
설문조사를 하다

279 **international** ❸ 국제적인
[ìntərnǽʃənəl]

national은
'전국적인'으로 해석해요.

☐ an **international** film festival
국제 영화제

280 **tortoise** ❸ (육지) 거북
[tɔ́ːrtəs]

바다거북은
turtle이에요.

☐ catch **tortoises**
거북들을 잡다

🐝 내신 기초 쌓기

🔵 다음 빈칸에 알맞은 말을 넣어 문장을 완성하세요.

1 식물들은 도시의 온도를 낮출 수 있다.

➡ Plants can [   ] the temperature in the town.

2 그의 엄마는 지금 출장 중이시다.

➡ His mother is on a [   ] trip now.

3 너는 소문이 멀리 그리고 널리 퍼진다는 것을 깨달아야 한다.

➡ You should realize that words travel far and [   ].

4 그는 특히 돈에 대해서 매우 걱정했다.

➡ He was so worried, [   ] about money.

5 그 선생님은 학생들의 예상 밖의 대답에 놀랐다.

➡ The teacher was surprised at the students' [   ] answers.

6 그의 직업은 게임 속 모든 소리를 다루는 것이다.

➡ His job is to [   ] all the sounds in the game.

7 어떤 동물들은 겨울 내내 먹이를 먹지 않고 살아 있을 수 있다.

➡ Some animals can stay [   ] without eating food all winter.

오답률 20%

A 다음 중 단어와 뜻이 <u>잘못</u> 연결된 것을 고르시오. 2점

① survey - 설문조사　② unexpected - 예상 밖의　③ wide - 넓게

④ lower - 다루다　⑤ chest - 가슴

오답률 25%

B 다음 주어진 문장의 빈칸에 가장 적절한 단어를 고르시오. 2점

We're going to have a class _____ every Monday.

우리는 매주 월요일에 학급 토론을 할 것입니다.

① peace　② discussion　③ survey　④ root　⑤ chest

오답률 30%

C 다음 문장을 영작할 때 <u>다섯 번째로</u> 올 단어를 보기에서 고르시오. 2점

> **보기** 　그녀가 울었던 진짜 이유는 무엇이었니?
> what / reason / she / was / that / real / the / cried

① reason　② real　③ that　④ she　⑤ cried

오답률 50%

D 다음 중 단어의 영영 풀이가 <u>잘못된</u> 것을 고르시오. 2점

① alive: living, not dead

② indoors: not inside a building

③ handle: to deal with or be in charge of something

④ root: the part of a plant that grows under the ground

⑤ peace: a situation in which there is no war or violence

오답률 80%

E 주어진 단어들을 우리말과 같은 뜻이 되도록 바르게 배열하시오.

1 그 옷을 손으로 문질러라. 3점

(your / hands / clothes / rub / the / with)

_____

2 어느 날, 사람들이 식량으로 쓸 거북들을 잡기 시작했다. 4점

(catch / to / people / day / tortoises / one / food / started / for)

_____

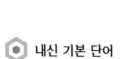 내신 기본 단어

---

281 rocky
[ráki]

형 바위가 많은

□ look sharp and **rocky**
날카롭고 바위가 많아 보이다

---

282 filter
[fíltər]

동 여과하다
명 여과기

□ **filter** out bad things
나쁜 것들을 여과하다

□ an air **filter**
공기 여과기

---

283 rid
[rid]

동 제거하다
숙 get rid of ~을 제거하다

□ get rid of bad luck
액운을 제거하다

---

284 chief
[tʃiːf]

명 1 최고위자 2 추장

□ the **chief** of staff
참모 총장

□ the **chief** of the tribe
부족의 추장

---

285 bathtub
[bǽθtʌb]

명 욕조

□ a normal **bathtub**
보통 욕조

---

286 hook
[huk]

명 낚싯바늘

□ get off a **hook**
낚싯바늘에서 빠져나오다

---

287 thoughtful
[θɔ́ːtfəl]

형 사려 깊은

□ a **thoughtful** mind
사려 깊은 마음

---

288 attract
[ətrǽkt]

동 끌어당기다

□ be **attracted** to the flowers
꽃들에 이끌리다

---

289 puppet
[pʌ́pit]

명 (꼭두각시) 인형

□ a **puppet** show
인형극

290 dye
[dai]

동 염색하다
패 dyeing 염색

□ **dye** a T-shirt
티셔츠를 염색하다
□ natural dyeing
천연 염색

291 fully
[fúli]

부 완전히

□ be **fully** paid
완전히 지불되다

292 actual
[ǽktʃuəl]

형 실제의

□ **actual** expenses
실제 지출 비용

293 growth
[grouθ]

명 성장

□ a child's **growth**
어린이의 성장

294 unbelievable
[ʌ̀nbilíːvəbl]

형 믿어지지 않는

□ an **unbelievable** story
믿어지지 않는 이야기

295 pattern
[pǽtərn]

명 1 무늬 2 양상

□ an interesting **pattern**
흥미로운 무늬
□ a sleep **pattern**
수면 양상

296 durable
[djúːərəbl]

형 내구성이 있는

□ a **durable** material
내구성이 있는 재료

297 prevent
[privént]

동 막다
숙 prevent A from B
A가 B하는 것을 막다

□ prevent you from
getting sick
네가 병에 걸리는 것을 막다

298 tax
[tæks]

명 세금

□ a **tax** on beer
맥주에 대한 세금

299 Braille
[breil]

⑲ 점자

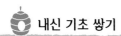

점자법을 만든 사람의 이름이 Louis Braille예요.

☐ learn to read **Braille**
점자 읽는 것을 배우다

300 congratulate
[kəngrǽtʃəlèit]

⑧ 축하하다

뒤에 축하할 사람이 오고 축하할 일은 on 뒤에 와요.

☐ **congratulate** him on passing the exam
그가 시험에 합격한 것을 축하하다

🍯 내신 기초 쌓기

Track **15-1**

● 다음 빈칸에 알맞은 말을 넣어 문장을 완성하세요.

1 그것은 나쁜 것들을 여과하고 물을 깨끗하게 만든다.

→ It ⬚⬚⬚⬚ out bad things and makes water clean.

2 그는 나중에 그 부족의 추장이 되었다.

→ He later became the ⬚⬚⬚⬚ of the tribe.

3 그 물고기는 낚싯바늘에서 빠져나와 물속으로 다시 떨어졌다.

→ The fish got off the ⬚⬚⬚⬚ and fell back into the water.

4 네가 그 가난한 사람들을 도와준 것은 매우 사려 깊었다.

→ It was ⬚⬚⬚⬚ of you to help the poor.

5 그 쪽지에는 "모든 것이 완전히 지불되다"라고 쓰여 있었다.

→ The note said, "Everything is ⬚⬚⬚⬚ paid."

6 놀이는 어린이의 성장과 발달에 있어서 중요하다.

→ Play is important in a child's ⬚⬚⬚⬚ and development.

7 이 목재는 매우 내구성이 있어서 100년까지 지속될 수 있다.

→ This wood is so ⬚⬚⬚⬚ that it can last up to 100 years.

오답률 20%

A 다음 중 단어와 뜻이 <u>잘못</u> 연결된 것을 고르시오 2점

① rid - 제거하다   ② dye - 염색하다   ③ filter - 여과하다

④ hook - 낚싯바늘   ⑤ tax - 성장

오답률 25%

B 다음 주어진 문장의 빈칸에 가장 적절한 단어를 고르시오. 2점

A normal _____ can hold about 300 liters of water.

보통 욕조는 약 300리터의 물을 담을 수 있다.

① puppet   ② hook   ③ growth   ④ pattern   ⑤ bathtub

오답률 30%

C 다음 문장을 영작할 때 <u>여섯 번째로</u> 올 단어를 보기에서 고르시오. 2점

> 보기 　 비슷한 성향의 사람들은 서로에게 이끌린다.
>
> attracted / other / people / each / similar / are / to

① attracted   ② other   ③ people   ④ each   ⑤ similar

오답률 50%

D 다음 중 단어의 영영 풀이가 <u>잘못된</u> 것을 고르시오. 2점

① chief: the most important person in a group

② durable: existing for a long time

③ unbelievable: not able to be believed

④ actual: real and not guessed or imagined

⑤ thoughtful: showing lack of careful thought

오답률 80%

E 주어진 단어를 우리말과 같은 뜻이 되도록 바르게 배열하시오.

1 그 봉우리는 날카롭고 바위가 많아 보였다. 3점

(the / looked / peak / and / rocky / sharp)

_____

2 눈이 보이지 않는 그 아이들은 점자 읽는 것을 배웠다. 4점

(Braille / children / the / blind / were / to / taught / read)

_____

DAY

16

Track 16

---

301 **order**
[ɔ́:rdər]

동 1 명령하다
2 주문하다
명 순서

□ **order** to buy it
그것을 사라고 명령하다
□ **order** pizza
피자를 주문하다
□ numbered in **order**
순서대로 번호가 매겨진

---

302 **except**
[iksépt]

전 ~을 제외하고

□ **except** one man
한 남자를 제외하고

---

303 **mural**
[mjú:ərəl]

명 벽화

□ paint a **mural**
벽화를 그리다

---

304 **rower**
[róuər]

명 노 젓는 사람
파 row 노를 젓다

□ eight **rowers**
8명의 노 젓는 사람들

---

305 **exact**
[igzǽkt]

형 정확한

□ the **exact** time
정확한 시간

---

306 **softly**
[sɔ́(:)ftli]

부 부드럽게

□ kiss him **softly**
그에게 부드럽게 키스하다

---

307 **former**
[fɔ́:rmər]

형 (이)전의

□ **former** President
전 대통령

---

308 **usual**
[jú:ʒuəl]

형 평상시의
반 unusual 특이한

□ heavier than **usual**
평상시보다 더 무거운
□ an **unusual** name
특이한 이름

---

309 champion [tʃǽmpiən]	명 챔피언	□ the **champion** of the world 세계 챔피언
310 memory [mémǝri]	명 기억	□ vivid in my **memory** 내 기억 속에 생생한
311 fancy [fǽnsi]	형 값비싼, 고급의	□ his **fancy** car 그의 값비싼 차
312 opposite [ápǝzit]	형 반대의 명 반대	□ **opposite** people 반대성향의 사람들 □ feel the **opposite** 반대로 느끼다
313 prefer [prifǝ́ːr]	동 선호하다 참 prefer A to B B보다 A를 선호하다	□ **prefer** sports to art 미술보다 스포츠를 선호하다
314 chemical [kémikǝl]	명 화학물질 형 화학의	□ a lot of **chemicals** 많은 화학물질 □ **chemical** products 화학제품
315 tunnel [tʌ́nl]	명 터널	□ build **tunnels** 터널을 짓다
316 human [hjúːmǝn]	명 인간 형 인간의	□ live with **humans** 인간들과 살다 □ **human** activities 인간의 활동
317 metal [métl]	형 금속의	□ a **metal** cup 금속 컵
318 generally [dʒénǝrǝli]	부 일반적으로	□ **generally** speaking 일반적으로 말하면

내신 심화 단어

319 **advertisement** 명 광고
[ǽdvərtáizmənt]

□ trust **advertisements**
광고를 믿다

줄여서 'ad'라고도 해요

320 **popularity** 명 인기
[pàpjəlǽrəti]

□ gain **popularity**
인기를 얻다

population '인구'와 혼동하지 말아요.

내신 기초 쌓기

 Track **16-1**

● 다음 빈칸에 알맞은 말을 넣어 문장을 완성하세요.

1 우리는 피자를 주문하고 영화를 보기로 결정했다.

→ We decided to [＿＿＿＿] pizza and watch a movie.

2 한 남자를 제외하고 모두가 퍼레이드에 참여하기로 동의했다.

→ Everybody agreed to join the parade [＿＿＿＿] one man.

3 그녀는 그에게 부드럽게 키스하고 말 한마디도 없이 떠났다.

→ She kissed him [＿＿＿＿] and left without a word.

4 한 젊은이가 자신의 값비싼 차 앞에 서 있었다.

→ A young man was standing in front of his [＿＿＿＿] car.

5 우리 반 남자 아이들은 미술보다 스포츠를 선호한다.

→ The boys in my class [＿＿＿＿] sports to art.

6 일개미들은 천천히 터널들을 짓기 시작했다.

→ The worker ants slowly began to build [＿＿＿＿].

7 개들은 수천 년 동안 인간들과 함께 살아왔다.

→ Dogs have lived with [＿＿＿＿] for thousands of years.

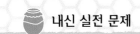

/ 15점

오답률 20%

A 다음 중 단어와 뜻이 <u>잘못</u> 연결된 것을 고르시오. **2점**

① prefer - 선호하다　　② generally - 부드럽게　　③ human - 인간

④ order - 순서　　⑤ metal - 금속의

오답률 25%

B 다음 주어진 문장의 빈칸에 가장 적절한 단어를 고르시오. **2점**

He planned to meet _____ President Bill Clinton.

그는 Bill Clinton 전 대통령을 만나기로 계획했다.

① exact　　② usual　　③ fancy　　④ former　　⑤ opposite

오답률 30%

C 다음 문장을 영작할 때 <u>일곱 번째</u>로 올 단어를 보기에서 고르시오. **2점**

> **보기**　　나는 반대성향의 사람들은 서로 좋아하지 않는다고 믿는다.
> believe / don't / other / opposite / people / like / each / I

① opposite　　② that　　③ people　　④ attract　　⑤ each

오답률 50%

D 다음 중 단어의 영영 풀이가 <u>잘못된</u> 것을 고르시오. **2점**

① exact: completely correct

② softly: in a quiet or gentle way

③ usual: normal and happening most often

④ fancy: not expensive or costing less than usual

⑤ mural: a large picture that has been painted on the wall

오답률 80%

E 주어진 단어들을 우리말과 같은 뜻이 되도록 바르게 배열하시오.

1 농부들은 벌레를 죽이기 위해 많은 화학물질을 사용한다. **3점**

(chemicals / use / to / lot / kill / farmers / a / bugs / of)

_____

2 많은 한국스타들이 중국에서 인기를 얻고 있다. **4점**

(are / stars / China / gaining / Korean / many / in / popularity)

_____

DAY 17

---

321 **realize**
[ríːəlàiz]

동 깨닫다

□ **realize** the amazing power
놀라운 힘을 깨닫다

322 **behave**
[bihéiv]

동 행동하다
파 behavior 행동

□ know how to **behave**
어떻게 행동해야 하는지 알다
□ bad **behavior**
나쁜 행동

323 **compete**
[kəmpíːt]

동 경쟁하다
혼 complete 완성하다

□ **compete** in a contest
대회에서 경쟁하다

324 **represent**
[rèprizént]

동 나타내다

□ **represent** nature
자연을 나타내다

325 **leftover**
[léftòuvər]

형 먹다 남은

□ **leftover** food
먹다 남은 음식

326 **separate**
동[sépərèit]
형[sépərit]

동 분리하다
형 분리된

□ **separate** paper
종이를 분리하다
□ a **separate** room
분리된 방

327 **whole**
[houl]

형 전체의

□ the **whole** world
전 세계

328 **documentary**
[dàkjəméntəri]

형 다큐멘터리의
명 다큐멘터리

□ a **documentary** film
다큐멘터리 영화
□ see a **documentary**
다큐멘터리를 보다

329 quietly
[kwáiətli]
(부) 조용히

□ talk **quietly**
조용히 말하다

330 depend
[dipénd]
(동) 의존하다
(숙) depend on ~에 달려있다

□ **depend on** a person's age
사람의 나이에 따라 다르다

331 fault
[fɔːlt]
(명) 잘못

□ someone else's **fault**
다른 누군가의 잘못

332 quarter
[kwɔ́ːrtər]
(명) 4분의 1

□ a **quarter** of China
중국의 4분의 1

333 imitate
[ímitèit]
(동) 흉내 내다

□ **imitate** monkeys
원숭이를 흉내 내다

334 bow
[bau]
(동) 절하다, (머리 숙여) 인사하다

□ **bow** to them
그들에게 머리를 숙여 인사하다

335 consider
[kənsídər]
(동) 고려하다

□ **consider** others
다른 사람들을 고려하다

336 valuable
[væljuːəbl]
(형) 가치가 큰, 값비싼

□ **valuable** things
가치가 큰 물건들

337 contrast
[kántræst]
(명) 대조

□ a sharp **contrast**
뚜렷한 대조

338 length
[leŋ*k*θ]
(명) 길이

□ an arm's **length**
팔 길이

339 **instruction** 명 지시 ☐ follow his **instructions**
[instrʌ́kʃən] 그의 지시를 따르다

누로 복수로 많이 쓰여요.

340 **heartwarming** 형 마음이 따뜻해지는 ☐ a **heartwarming** story
[hɑ́ːrtwɔ̀ːrmiŋ] 마음이 따뜻해지는 이야기

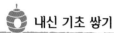 내신 기초 쌓기

 Track **17-1**

● 다음 빈칸에 알맞은 말을 넣어 문장을 완성하세요.

1 우리는 음악의 놀라운 힘을 깨달았다.

→ We [   ] the amazing power of music.

2 몇몇 사람들은 식당에서 어떻게 행동해야 하는지 알지 못한다.

→ Some people don't know how to [   ] in a restaurant.

3 모든 것이 다른 누군가의 잘못이라고 말하지 마라.

→ Do not say everything is someone else's [   ].

4 중국의 4분의 1 이상이 지금 모래에 덮여 있다.

→ Over a [   ] of China is now covered in sand.

5 잘 듣고 안내원들의 지시에 따르세요.

→ Listen carefully and follow the guides' [   ].

6 "내가 다른 사람들을 고려하고 있는 걸까?"라고 스스로에게 물어라.

→ Ask yourself, "Am I [   ] others?"

7 미국인들은 이야기할 때 팔 길이 정도 떨어져 서있는 것을 좋아한다.

→ Americans like standing an arm's [   ] away when they are talking.

오답률 20%

A 다음 중 단어와 뜻이 <u>잘못</u> 연결된 것을 고르시오. **2점**

① represent - 나타내다　② quarter - 4분의 1　③ realize - 깨닫다

④ imitate - 흉내 내다　⑤ compete - 완성하다

오답률 25%

B 다음 주어진 문장의 빈칸에 가장 적절한 단어를 고르시오. **2점**

I _____ paper and glass from the other trash.

나는 종이와 유리를 다른 쓰레기와 분리한다.

① behave　② depend　③ separate　④ consider　⑤ compete

오답률 30%

C 다음 문장을 영작할 때 **네 번째**로 올 단어를 보기에서 고르시오. **2점**

> 보기 〉 웃어라, 그러면 전 세계가 너와 함께 웃을 것이다.
>
> with / laugh / world / and / will / the / you / whole / laugh

① and　② the　③ world　④ whole　⑤ will

오답률 50%

D 다음 중 단어의 영영 풀이가 <u>잘못된</u> 것을 고르시오. **2점**

① leftover: remaining uneaten

② whole: some but not all of a thing

③ bow: bend your head to show respect

④ instruction: something that you have been told to do

⑤ length: how long something is from one end to the other

오답률 80%

E 주어진 단어들을 우리말과 같은 뜻이 되도록 바르게 배열하시오.

1 조용히 얘기하면 안 될까요? **3점**

(would / talking / quietly / you / mind)

_____

2 입장권의 가격은 사람의 나이에 따라 다르다. **4점**

(tickets / person's / depends / the / age / the / price / of / on / a)

_____

내신 기본 단어

 Track 18

341	**classical** [klǽsikəl]	형 고전의	□ **classical** music 고전 음악
342	**beef** [bi:f]	명 소고기	□ **beef** soup 소고기국
343	**provide** [prəváid]	동 제공하다 참 provide A with B A에게 B를 제공하다	□ provide you with information 너에게 정보를 제공하다
344	**gradually** [grǽdʒuəli]	부 서서히	□ get cold **gradually** 서서히 차가워지다
345	**suck** [sʌk]	동 빨아들이다	□ **suck** up all the waste 모든 폐기물을 빨아들이다
346	**discover** [diskʌ́vər]	동 발견하다	□ **discover** America 아메리카 대륙을 발견하다
347	**freezer** [frí:zər]	명 냉동고	□ live without a **freezer** 냉동고 없이 살다
348	**government** [gʌ́vərnmənt]	명 정부	□ the Chinese **government** 중국 정부

349	**optical** [áptikəl]	형 시각적인	☐ an **optical** illusion 착시 [시각적인 착각]
350	**rate** [reit]	명 비율	☐ her heart **rate** 그녀의 심장 박동율
351	**experiment** [ikspérəmənt]	명 실험	☐ a science **experiment** 과학 실험
352	**schedule** [skédʒu(ː)l]	명 일정표	☐ follow a **schedule** 일정표를 따르다
353	**historically** [histɔ́(ː)rikəli]	부 역사적으로	☐ **historically** important 역사적으로 중요한
354	**upside** [ʌ́psàid]	명 위쪽 숙 upside down 거꾸로	☐ the **upside** of the wall 벽의 위쪽 ☐ turn the bag upside down 가방을 거꾸로 뒤집다
355	**patient** [péiʃənt]	명 환자	☐ help **patients** 환자들을 돕다
356	**monster** [mánstər]	명 괴물	☐ catch the **monster** 괴물을 잡다
357	**shock** [ʃɑk]	동 놀라게 하다	☐ **shock** everyone 모두를 놀라게 하다
358	**relationship** [riléiʃənʃip]	명 관계	☐ have a bad **relationship** 관계가 좋지 않다

359 **migrate**
[máigreit]

동 이주하다

□ decide when to **migrate**
언제 이주해야 할지 결정하다

immigrate [íməgrèit]
'이민오다'와 혼동하지 말아요.

360 **observation**
[àbzəːrvéiʃən]

명 관찰

□ an **observation** diary
관찰 일기

🐝 **내신 기초 쌓기**

Track **18-1**

● 다음 빈칸에 알맞은 말을 넣어 문장을 완성하세요.

1 그는 정말로 고전 음악 듣는 것을 즐긴다.

→ He really enjoys listening to [　　　　　　] music.

2 소고기를 석쇠 위에 좀 놓아줄래?

→ Will you put some [　　　　　　] on the grill?

3 너는 누가 미국 대륙을 발견했다고 생각하니?

→ Who do you think [　　　　　　] America?

4 착시현상은 우리의 두뇌를 속이는 형상이다.

→ An [　　　　　　] illusion is an image that tricks our brain.

5 가방을 뒤집어 끝부분을 위로 향하게 하라.

→ Turn the bag [　　　　　　] down so that the bottom faces up.

6 그녀의 마지막 골은 경기장에 있는 모두를 깜짝 놀라게 했다.

→ Her last goal [　　　　　　] everyone in the stadium.

7 그는 어렸을 때 그의 아버지와 관계가 좋지 않았다.

→ He had a bad [　　　　　　] with his father when he was young.

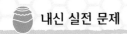
오답률 20%

A 다음 중 단어와 뜻이 잘못 연결된 것을 고르시오. 2점

① optical - 시각적인　　② relationship - 관계　　③ suck - 빨아들이다

④ classical - 고전의　　⑤ upside - 거꾸로

오답률 25%

B 다음 주어진 문장의 빈칸에 가장 적절한 단어를 고르시오. 2점

He will _____ you with useful information.

그는 너에게 유용한 정보를 제공할 것이다.

① provide　　② suck　　③ discover　　④ migrate　　⑤ shock

오답률 30%

C 다음 문장을 영작할 때 네 번째로 올 단어를 보기에서 고르시오. 2점

> 보기　독도는 역사적으로나 문화적으로 매우 중요하다.
>
> historically / is / very / Dokdo / important / and / culturally

① and　　② important　　③ culturally　　④ historically　　⑤ very

오답률 50%

D 다음 중 단어의 영영 풀이가 잘못된 것을 고르시오. 2점

① beef: the meat of a cow

② schedule: a list of times when buses or trains arrive and leave

③ monster: an imaginary creature that is large, ugly, and frightening

④ freezer: a large electric container in which food can be frozen

⑤ patient: a person whose job is to treat people who are sick or hurt

오답률 80%

E 주어진 단어들을 우리말과 같은 뜻이 되도록 바르게 배열하시오.

1 물이 서서히 차가워지고 있다. 3점

(gradually / water / is / the / cold / getting)

_____

2 새들은 햇빛의 길이로 언제 이주해야 할지를 안다. 4점

(birds / when / know / to / by / migrate / the / of / length / daylight)

_____

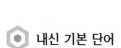 내신 기본 단어

361	**prisoner** [príznər]	명 죄수	☐ a political **prisoner** 정치범
362	**package** [pǽkidʒ]	명 포장용기	☐ things in a **package** 포장용기에 든 물건들
363	**structure** [strʌ́ktʃər]	명 건축물	☐ build a **structure** 건축물을 짓다
364	**costume** [kάːstjuːm]	명 의상	☐ beautiful **costumes** 아름다운 의상들
365	**solid** [sάlid]	형 단단한	☐ **solid** rock 단단한 바위
366	**proverb** [prάvəːrb]	명 속담	☐ a famous **proverb** 유명한 속담
367	**beehive** [bíːhàiv]	명 벌집	☐ find a **beehive** 벌집을 발견하다
368	**proper** [prάpər]	형 적절한	☐ **proper** forms of language 언어의 적절한 형태

369 career
[kəríər]

명 직업

□ School **Career** Day
직업 체험의 날

370 topic
[tápik]

명 주제

□ write on the **topic**
그 주제에 관하여 쓰다

371 though
[ðou]

접 비록 ~일 지라도
유 although

□ **though** he tried his best
비록 그가 최선을 다했을 지라도

372 handmade
[hǽndmèid]

형 수제의

□ a **handmade** bar of soap
수제비누 1개

373 payment
[péimənt]

명 1 지불 2 대가

□ **payment** in full
전액 지불
□ accept **payment**
대가를 받다

374 witness
[wítnis]

명 증인

□ a few **witnesses**
몇몇의 증인들

375 positive
[pázitiv]

형 긍정적인
반 negative 부정적인

□ a **positive** mind
긍정적인 마음

376 color
[kʌ́lər]

명 색
동 채색하다

□ a dark **color**
어두운 색
□ **color** each image
각각의 이미지를 채색하다

377 imagination
[imæ̀dʒənéiʃən]

명 상상력

□ use your **imagination**
너의 상상력을 이용하다

378 fake
[feik]

형 가짜의

□ **fake** nails
가짜 손톱

019 **appreciate**
[əprí:ʃièit]

동 감사하다

□ **appreciate** your help
당신의 도움에 감사하다

> thank와 달리 뒤에
> 사람이 아닌 사물이 와요.

020 **individually**
[ìndəvídʒuəli]

부 각각 따로,
개별적으로

□ pay **individually**
각각 따로 지불하다

 내신 기초 쌓기

Track **19-1**

● 다음 빈칸에 알맞은 말을 넣어 문장을 완성하세요.

1 재활용될 수 있는 포장용기에 든 물건을 사세요.

→ Buy things in ⬚ that can be recycled.

2 그는 인생의 거의 전부를 다양한 건축물을 짓는데 보냈다.

→ He spent almost all of his life building many different ⬚.

3 "쉽게 들어온 것은 쉽게 나간다"는 유명한 속담이 있어, 그렇지?

→ There is a famous ⬚, "Easy come, easy go," right?

4 우리는 학생들이 적절한 언어 형태를 사용하기를 기대한다.

→ We expect students to use ⬚ forms of language.

5 나는 각각의 이미지를 똑같이 채색했지만 그 결과는 달랐다.

→ I ⬚ each image the same but the results were different.

6 몇몇의 증인들이 세 발의 총성을 들었다고 말했다.

→ A few ⬚ said that they heard three shots.

7 수업시간에 그 주제에 대한 글쓰기를 끝내지 못하면, 그것은 너의 숙제가 될 거야.

→ If you don't finish writing on the ⬚ in class, it'll be your homework.

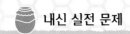
오답률 20%

A 다음 중 단어와 뜻이 <u>잘못</u> 연결된 것을 고르시오. 2점

① payment - 지불　　② imagination - 상상력　　③ positive - 부정적인

④ package - 포장용기　　⑤ structure - 건축물

오답률 25%

B 다음 주어진 문장의 빈칸에 가장 적절한 단어를 고르시오. 2점

All the children were dressed in beautiful _____.

모든 아이들이 아름다운 의상을 입고 있었다.

① packages　　② topics　　③ imaginations　　④ costumes　　⑤ structures

오답률 30%

C 다음 문장을 영작할 때 <u>일곱 번째</u>로 올 단어를 보기에서 고르시오. 2점

> **보기**　　나는 내 뒷마당에서 지금 막 벌집을 발견했다.
> backyard / my / found / a / beehive / I / in / just / have

① in　　② my　　③ beehive　　④ backyard　　⑤ a

오답률 50%

D 다음 중 단어의 영영 풀이가 <u>잘못된</u> 것을 고르시오. 2점

① proper: not correct, suitable, honest, or acceptable

② solid: strong and not easily broken or damaged

③ prisoner: someone who is being kept in prison as a punishment

④ proverb: a famous phrase or sentence that gives you advice

⑤ handmade: made using the hands rather than a machine

오답률 80%

E 주어진 단어들을 우리말과 같은 뜻이 되도록 바르게 배열하시오.

1 저를 도와주셔서 정말 고맙습니다. 3점

(appreciate / really / your / I / help)

_____

2 내 여자친구와 나는 보통 각각 따로 지불한다. 4점

(girlfriend / usually / pay / my / individually / I / and)

_____

내신 기본 단어

381 **boss** [bɔ(ː)s]	명 1 상사 2 우두머리	□ ask my **boss** 나의 상사에게 물어보다
382 **rough** [rʌf]	형 1 거친 2 힘든	□ **rough** hands 거친 손 □ get **rough** 힘들어지다
383 **aquarium** [əkwɛ́ːəriəm]	명 수족관 파 aquarist 수족관 관리자	□ go to the **aquarium** 수족관에 가다
384 **ideal** [aidíːəl]	형 이상적인	□ **ideal** for mountain climbing 등산에 이상적인
385 **staircase** [stɛ́ərkèis]	명 계단	□ use the **staircase** 계단을 이용하다
386 **gee** [dʒiː]	감 어머나	□ shout, "**Gee**!" "어머나!"라고 소리치다
387 **hatch** [hætʃ]	동 부화하다	□ **hatch** first 먼저 부화하다
388 **dictionary** [díkʃənèri]	명 사전	□ look it up in the **dictionary** 사전에서 그것을 찾다

389 **crawl** [krɔ:l]	**동** 기다	☐ **crawl** slowly 천천히 기다
390 **role** [roul]	**명** 역할 **숙** play a role 역할을 하다	☐ different **roles** 다른 역할들 ☐ play an important role 중요한 역할을 하다
391 **compass** [kʌ́mpəs]	**명** 나침반	☐ carry a **compass** 나침반을 가지고 다니다
392 **makeup** [méikʌ̀p]	**명** 화장	☐ put on **makeup** 화장을 하다
393 **figure** [fígjər]	**명** 《스케이트》 피겨 **동** ~라고 생각하다 **숙** figure out 알아내다	☐ **figure** skating 피겨 스케이팅 ☐ figure out the answer 답을 알아내다
394 **environment** [inváiərənmənt]	**명** 환경	☐ pollute the **environment** 환경을 오염시키다
395 **purse** [pə:rs]	**명** 지갑	☐ buy a **purse** 지갑을 사다
396 **lately** [léitli]	**부** 최근에 **혼** late 늦은;늦게	☐ be busy **lately** 최근에 바쁘다
397 **erase** [iréis]	**동** 지우다	☐ **erase** the word 그 단어를 지우다
398 **goal** [goul]	**명** 목표	☐ her main **goal** 그녀의 주요 목표

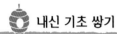
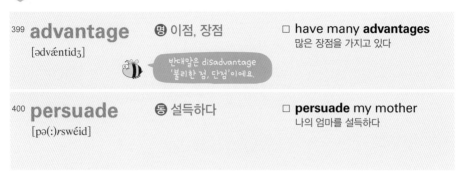

399 **advantage**
[ədvǽntidʒ]

몡 이점, 장점

□ have many **advantages**
많은 장점을 가지고 있다

반대말은 disadvantage
'불리한 점, 단점'이에요.

400 **persuade**
[pə(:)rswéid]

통 설득하다

□ **persuade** my mother
나의 엄마를 설득하다

🐝 내신 기초 쌓기

🎵 Track **20-1**

● 다음 빈칸에 알맞은 말을 넣어 문장을 완성하세요.

1 그 아이는 자기가 우두머리라고 생각한다.

→ The child thinks that he is the ⬚.

2 그 수족관에는 300종 이상의 바다 생명체가 있다.

→ There are over 300 species of sea life in the ⬚.

3 그 알들 중 일부는 다른 것보다 먼저 부화했다.

→ Some of the eggs ⬚ before the others.

4 아기 거북은 천천히 바다로 기어갔다.

→ The baby turtle ⬚ slowly to the sea.

5 그들은 그 질문에 대한 답을 알아낼 수 없었다.

→ They couldn't ⬚ out the answer to the question.

6 그 남자는 그 단어를 지우고 그것을 다시 썼다.

→ The man ⬚ the word and wrote it again.

7 종이컵은 환경을 오염시키기 때문에 나는 늘 내 컵을 가지고 다녀.

→ I always carry my own cup because paper cups pollute the

⬚.

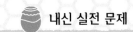
오답률 20%

A 다음 중 단어와 뜻이 <u>잘못</u> 연결된 것을 고르시오. 2점

① gee - 어머나　　② hatch - 부화하다　　③ aquarium - 수족관

④ purse - 지우다　　⑤ rough - 거친

오답률 25%

B 다음 주어진 문장의 빈칸에 가장 적절한 단어를 고르시오. 2점

Look it up in the _____ when you don't know a word.

단어를 모를 때 그것을 사전에서 찾아보아라.

① goal　　② purse　　③ staircase　　④ dictionary　　⑤ compass

오답률 30%

C 다음 문장을 영작할 때 <u>네 번째</u>로 올 단어를 보기에서 고르시오. 2점

> 보기 ▶ 경기를 끝마치는 것이 그들의 주요 목표이다.
> finishing / is / their / goal / main / the / race

① the　　② race　　③ is　　④ goal　　⑤ main

오답률 50%

D 다음 중 단어의 영영 풀이가 <u>잘못된</u> 것을 고르시오. 2점

① ideal: perfect or the best possible

② crawl: to move on your hands and knees

③ boss: a person who is in charge of a group of workers

④ lately: after the usual time or the time that was arranged

⑤ purse: a bag carried by a woman with her money, keys, etc.

오답률 80%

E 주어진 단어들을 우리말과 같은 뜻이 되도록 바르게 배열하시오.

1 여자들은 왜 화장을 하나요? 3점

(why / do / put / women / on / makeup)

_____

2 그녀는 홈스쿨링이 많은 장점들을 갖고 있다고 생각한다. 4점

(many / she / believes / homeschooling / has / advantages)

_____

내신 기본 단어

| 401 | **backpack**
[bǽkpæ̀k] | 명 배낭 | □ wear a **backpack**
배낭을 메다 |

| 402 | **variety**
[vəráiəti] | 명 다양성
숙 a variety of 다양한 | □ a variety of vegetable sauces
다양한 야채 소스 |

| 403 | **item**
[áitəm] | 명 품목 | □ a handmade **item**
수제품 |

| 404 | **clam**
[klæm] | 명 조개 | □ the **clam's** shell
조개 껍데기 |

| 405 | **picky**
[píki] | 형 까다로운 | □ too **picky**
너무 까다로운 |

| 406 | **handprint**
[hǽndprìnt] | 명 손바닥 자국 | □ leave his **handprints**
그의 손바닥 자국을 남기다 |

| 407 | **impossible**
[impásəbl] | 형 불가능한
반 possible 가능한 | □ what seems **impossible**
불가능해 보이는 것 |

| 408 | **stable**
[stéibl] | 명 마구간 | □ put a horse in a **stable**
말을 마구간에 넣다 |

409 president
[prézidənt]

圆 1 회장 2 대통령

□ a class **president**
반장
□ the **President** of Korea
한국 대통령

410 magically
[mǽdʒikəli]

圖 마법처럼

□ **magically** helpful
마법처럼 도움이 되는

411 wire
[waiər]

圆 철사

□ make rings with **wire**
철사로 고리를 만들다

412 fit
[fit]

圖 꼭 맞다
圖 건강한

□ **fit** together
서로 꼭 맞다
□ keep **fit**
건강을 유지하다

413 token
[tóukən]

圆 표시, 징표

□ a **token** of good luck
행운의 표시

414 comical
[kámikəl]

圖 재미난

□ his **comical** character
그의 재미난 성격

415 treasure
[tréʒər]

圆 보물

□ find the **treasure**
보물을 찾다

416 underground
[ʌ́ndərgràund]

圖 지하에

□ be built **underground**
지하에 건설되다

417 heartbroken
[háːrtbròukən]

圖 비통해하는

□ feel **heartbroken**
비통하게 느끼다

418 ballet
[bæléi]

圆 발레

□ a **ballet** dancer
발레 무용수

419 **shelter** 　명 보호소 　□ an animal **shelter**
[ʃéltər] 　동물 보호소

'의식주'를 영어로 food, clothing and shelter라고 해요.

420 **budget** 　명 예산 　□ my monthly spending
[bʌ́dʒit] 　**budget**
　나의 월간 지출 예산

내신 기초 쌓기

Track 21-1

● 다음 빈칸에 알맞은 말을 넣어 문장을 완성하세요.

1 그 도시의 집들은 지하에 건설되었다.

→ The houses of the city were built _____ .

2 그 노인은 그녀의 뺨에 그의 손바닥 자국들을 남겼다.

→ The old man left his _____ on her cheeks.

3 나는 내가 너무 까다로웠다고 생각하곤 한다.

→ I used to think that I was too _____ .

4 그녀는 철사로 다양한 별 모양의 고리들을 만들었다.

→ She made various star-shaped rings with _____ .

5 그 보물을 찾으려면 다리를 건너 계단을 오르시오.

→ Cross the bridge and go up the stairs to find the _____ .

6 그는 다양한 야채 소스들로 파스타를 만든다.

→ He makes pasta with a _____ of vegetable sauces.

7 너는 벼룩시장에서 수제품들을 판 적이 있니?

→ Have you ever sold your handmade _____ at a flea market?

오답률 20%

A 다음 중 단어와 뜻이 잘못 연결된 것을 고르시오. 2점

① variety - 다양성　② president - 회장　③ magically - 마법처럼

④ backpack - 배낭　⑤ treasure - 표시

오답률 25%

B 다음 주어진 문장의 빈칸에 가장 적절한 단어를 고르시오. 2점

We dug into the mud to get some _____.

우리는 약간의 조개를 얻기 위해 진흙을 파헤쳤다.

① items　② clams　③ presidents　④ tokens　⑤ variety

오답률 30%

C 다음 문장을 영작할 때 다섯 번째로 올 단어를 보기에서 고르시오. 2점

> **보기**　그 배우는 그의 재미난 성격으로 유명했었다.
>
> actor / the / character / was / famous / his / for / comical

① famous　② his　③ comical　④ for　⑤ character

오답률 50%

D 다음 중 단어의 영영 풀이가 잘못된 것을 고르시오. 2점

① picky: very careful about choosing things

② underground: beneath the surface of the water

③ stable: a farm building for housing horses or other livestock

④ fit: to be the right shape or size for someone or something

⑤ wire: a piece of thin metal thread used to fasten things or to make fences

오답률 80%

E 주어진 단어들을 우리말과 같은 뜻이 되도록 바르게 배열하시오.

1 불가능해 보이는 것이 때로는 가능할 수 있다. 3점

(can / what / possible / be / impossible / seems / sometimes)

_____

2 나의 월간 지출 예산은 십만 원이다. 4점

(is / spending / monthly / budget / my / 100,000 won)

_____

DAY 22

내신 기본 단어

421 **cotton**
[kátn]
명 목화
□ grow **cotton**
목화를 재배하다

422 **evidence**
[évidəns]
명 증거
□ find **evidence**
증거를 찾다

423 **affect**
[əfékt]
동 영향을 미치다
□ **affect** people's lives
사람들의 삶에 영향을 미치다

424 **rob**
[rɑb]
동 털다, 도둑질하다
혼 rub 문지르다
□ **rob** a bank
은행을 털다

425 **liquid**
[líkwid]
명 액체
□ the movement of the **liquid**
액체의 움직임

426 **extra**
[ékstrə]
형 추가의
□ **extra** sleep
추가 수면

427 **livestock**
[láivstὰk]
명 가축
□ feed their **livestock**
그들의 가축을 먹이다

428 **suggest**
[səgdʒést]
동 제안하다
파 suggestion 제안
□ **suggest** another plan
다른 계획을 제안하다

429 **studio** [stʲúːdìòu]	명 작업실	☐ a music **studio** 음악 작업실
430 **mermaid** [mə́ːrmèid]	명 인어	☐ act like a **mermaid** 인어처럼 행동하다
431 **fountain** [fáuntən]	명 분수대	☐ a public water **fountain** 공공 식수대
432 **naturally** [nǽtʃərəli]	부 천연적으로	☐ **naturally** dyed clothes 천연적으로 염색한 옷
433 **earmuff** [íərmʌ̀f]	명 귀 덮개	☐ invent **earmuffs** 귀 덮개를 발명하다
434 **harm** [haːrm]	명 해 동 해를 끼치다 파 harmful 해로운	☐ cause **harm** 해를 끼치다 ☐ **harm** others 다른 사람들에게 해를 끼치다
435 **silly** [síli]	형 어리석은	☐ his **silly** little brother 그의 어리석은 남동생
436 **found** [faund]	동 설립하다 • found-founded-founded	☐ **found** a nation 국가를 설립하다
437 **fantastic** [fæntǽstik]	형 환상적인	☐ **fantastic** games 환상적인 경기
438 **lock** [lɑk]	동 잠그다 명 자물쇠	☐ **lock** the door 문을 잠그다 ☐ a **lock** and key 자물쇠와 열쇠

439 **pregnant**
[prégnənt]
® 임신한

'숫자 month(s) pregnant'로 많이 쓰여요.

□ be 9 months **pregnant**
임신 9개월이다

440 **innocence**
[ínəsəns]
® 순결

'결백, 무죄'라는 뜻도 있어요.

□ represent **innocence**
순결을 상징하다

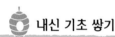 내신 기초 쌓기

Track **22-1**

● 다음 빈칸에 알맞은 말을 넣어 문장을 완성하세요.

1 목화를 재배하는데 많은 화학물질이 사용된다.

→ A lot of chemicals are used to grow ⬚.

2 나는 영화가 종종 사람들의 삶에 영향을 미칠 수 있다고 생각해.

→ I think movies often can ⬚ people's lives.

3 이 남자가 지금 막 너의 집을 털려고 했어.

→ This man was about to ⬚ your house.

4 그들은 그들의 가축을 수용할 다른 장소를 찾아야 했다.

→ They had to find another place to house their ⬚.

5 천연적으로 염색한 옷은 인간의 몸에 좋다.

→ ⬚ dyed clothes are good for the human body.

6 언제 고조선이 설립되었죠?

→ When was Gojoseon ⬚?

7 우리는 지난 월드컵에서 환상적인 경기를 보면서 즐겼다.

→ We enjoyed watching ⬚ games in the last World Cup.

내신 실전 문제

/ 15점

오답률 **20%**

A 다음 중 단어와 뜻이 잘못 연결된 것을 고르시오. 2점

① livestock - 가축　　② cotton - 목화　　③ earmuff - 귀 덮개

④ found - 영향을 미치다　　⑤ harm - 해를 끼치다

오답률 **25%**

B 다음 주어진 문장의 빈칸에 가장 적절한 단어를 고르시오. 2점

I _____ storing your winter clothes when it's summertime.

나는 여름철에 너의 겨울옷을 마련해 놓을 것을 제안한다.

① rob　　② affect　　③ found　　④ suggest　　⑤ lock

오답률 **30%**

C 다음 문장을 영작할 때 네 번째로 올 단어를 보기에서 고르시오. 2점

> 보기　　진짜 인어처럼 헤엄을 칠 때까지 연습하라.
> mermaid / like / you / practice / until / a / swim / real

① swim　　② like　　③ real　　④ until　　⑤ mermaid

오답률 **50%**

D 다음 중 단어의 영영 풀이가 잘못된 것을 고르시오. 2점

① extra: more, or more than usual

② rob: to steal from someone or somewhere

③ silly: able to learn and understand things easily

④ studio: a room where an artist or photographer works

⑤ fountain: a structure that provides water for people to drink

오답률 **80%**

E 주어진 단어들을 우리말과 같은 뜻이 되도록 바르게 배열하시오.

1 그 아기가 집 안에서 문을 잠갔어요. 3점

(from / inside / the / door / the / locked / baby / the / house)

_____

2 그 사진은 액체의 움직임을 보여준다. 4점

(of / the / liquid / the / movement / shows / the / picture)

_____

DAY 23

내신 기본 단어

441	**accident** [ǽksidənt]	몡 사고	☐ a car **accident** 자동차 사고
442	**land** [lænd]	됭 착륙하다 몡 땅	☐ take off and **land** 이륙하고 착륙하다 ☐ pollute the **land** 땅을 오염시키다
443	**bean** [biːn]	몡 콩, (콩 같은) 열매	☐ coffee **beans** 커피 콩 ☐ cacao **beans** 카카오 열매들
444	**recipe** [résəpìː]	몡 요리법	☐ **recipe** books 요리책
445	**accent** [ǽksent]	몡 억양	☐ get used to her **accent** 그녀의 억양에 익숙해지다
446	**sincere** [sinsíər]	혱 진실한 囲 sincerely 진심으로	☐ a **sincere** apology 진실한 사과
447	**soda** [sóudə]	몡 탄산음료	☐ drink **soda** 탄산음료를 마시다
448	**expense** [ikspéns]	몡 지출	☐ income and **expenses** 수입과 지출

449 **spill** [spil]	동 엎지르다 • spill-spilt[spilled]- spilt[spilled] 명 유출	□ **spill** ketchup 케첩을 엎지르다 □ an oil **spill** 기름 유출
450 **dot** [dɑt]	명 점	□ small **dots** 작은 점들
451 **courtyard** [kɔ́:rtjɑ̀:rd]	명 뜰, 마당	□ around the **courtyard** 뜰 주변에
452 **generous** [dʒénərəs]	형 관대한 혼 general 일반적인	□ understanding and **generous** 이해심 많고 관대한
453 **worth** [wə:rθ]	형 가치가 있는	□ be **worth** 5 dollars 5달러의 가치가 있다
454 **embarrassed** [imbǽrəst]	형 당황스러운	□ seem **embarrassed** 당황스러워 보이다
455 **press** [pres]	동 누르다	□ **press** a button 버튼을 누르다
456 **normally** [nɔ́:rməli]	부 보통	□ **normally** take 10 minutes 보통 10분이 걸리다
457 **spare** [spɛər]	형 여분의 동 할애하다, 내다	□ your **spare** time 너의 여가 시간 □ **spare** some time 시간을 조금 할애하다
458 **pile** [pail]	명 무더기, 더미	□ a **pile** of gold 금 무더기

| 459 **abstract**
[ǽbstrǽkt] | 형 추상적인 | □ **abstract** art
추상 예술 |

| 460 **poetry**
[póuitri] | 명 (문학의 한 종류) 시 | □ a **poetry** book
시집 |

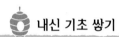 '(한 편의) 시'는 poem 이에요

🐝 내신 기초 쌓기

 Track **23-1**

● 다음 빈칸에 알맞은 말을 넣어 문장을 완성하세요.

1 자동차 사고는 누구에게, 언제든지 일어날 수 있다.

→ A car [   ] can happen to anyone, at any time.

2 일꾼들은 카카오 열매들을 수확하기 위해 커다란 칼을 사용한다.

→ Workers use large knives to harvest cacao [   ].

3 그 선생님은 나에게 진실한 사과 편지를 쓰는 비법들을 알려 주었다.

→ The teacher gave me tips to write a [   ] apology letter.

4 말벌의 둥지는 보통 지하에 만들어진다.

→ Wasp nests are [   ] built underground.

5 너는 나보다 이해심이 많고 관대하구나.

→ You are more understanding and [   ] than I am.

6 너는 그 손목밴드가 5달러의 가치가 있다고 생각하니?

→ Do you think that wrist band is [   ] 5 dollars?

7 그는 내가 도착했을 때 당황스러워 보였다.

→ He seemed [   ] when I arrived.

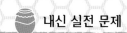
오답률 20%

A 다음 중 단어와 뜻이 <u>잘못</u> 연결된 것을 고르시오. 2점

① press - 무더기   ② expense - 지출   ③ sincere - 진실한

④ courtyard - 뜰   ⑤ bean - 콩

오답률 25%

B 다음 주어진 문장의 빈칸에 가장 적절한 단어를 고르시오. 2점

I don't think I'll get used to his _____.

그의 억양에 익숙해질 것 같지 않아요.

① expense   ② accent   ③ courtyard   ④ soda   ⑤ recipe

오답률 30%

C 다음 문장을 영작할 때 <u>세 번째</u>로 올 단어를 보기에서 고르시오. 2점

> 보기 》 Smith는 그의 여가 시간에 사진을 찍는다.
>
> spare / takes / time / Smith / his / pictures / in

① takes   ② in   ③ his   ④ spare   ⑤ pictures

오답률 50%

D 다음 중 단어의 영영 풀이가 <u>잘못된</u> 것을 고르시오. 2점

① dot: a very small circular shape

② land: to return to the ground after a flight

③ recipe: directions for making something to eat

④ generous: not specialized or limited to one class of things

⑤ spill: to cause or allow a liquid substance to run or flow from a container

오답률 80%

E 주어진 단어들을 우리말과 같은 뜻이 되도록 바르게 배열하시오.

1 하루에 탄산음료를 얼마나 마시니? 3점

(you / drink / day / do / how / a / soda / much)

_____

2 그 젊은 작가는 시집을 출간하기를 원했다. 4점

(book / wanted / publish / poetry / the / a / young / writer / to)

_____

 내신 기본 단어

 Track **24**

461 **guidebook** [gáidbùk]	몧 안내서	□ a cultural **guidebook** 문화 안내서
462 **object** 몧 [ábdʒikt] 통 [əbdʒékt]	몧 물건 통 반대하다	□ everyday **objects** 일상용품 □ **object** to my plan 내 계획에 반대하다
463 **stressful** [strésfəl]	혱 스트레스가 많은	□ too **stressful** 너무 스트레스가 많은
464 **repetition** [rèpətíʃən]	몧 반복	□ the **repetition** of a word 단어의 반복
465 **routine** [ru:tí:n]	몧 일상	□ my daily **routine** 나의 일상
466 **suffer** [sʌ́fər]	통 고통을 겪다 숙 suffer from ~로 고통 받다	□ suffer from an illness 질병으로 고통 받다
467 **mud** [mʌd]	몧 진흙	□ at the **mud** festival 진흙 축제에서
468 **powder** [páudər]	몧 가루	□ ramyeon **powder** 라면 분말수프

469 **bronze** [brɑnz]	명 청동	□ the **Bronze** Age 청동기 시대
470 **skillful** [skílfəl]	형 능숙한	□ quite **skillful** 꽤 능숙한
471 **handcuff** [hǽndkʌ̀f]	동 수갑을 채우다	□ **handcuff** him 그에게 수갑을 채우다
472 **attach** [ətǽtʃ]	동 붙이다, 첨부하다	□ **attach** paper on the wall 벽에 종이를 붙이다
473 **waiter** [wéitər]	명 종업원 참 waitress 여성 종업원	□ an unfriendly **waiter** 불친절한 종업원
474 **meaningless** [míːniŋlis]	형 의미 없는	□ a **meaningless** life 의미 없는 삶
475 **huge** [hjuːdʒ]	형 거대한	□ **huge** channels 거대한 수로
476 **device** [diváis]	명 장치, 기구	□ a video **device** 비디오 장치
477 **uncomfortable** [ʌnkʌ́mfərtəbl]	형 불편한 반 comfortable 편안한	□ feel **uncomfortable** 불편하게 느끼다
478 **customer** [kʌ́stəmər]	명 고객	□ **customer** service 고객 서비스

내신 심화 단어

479 **rickshaw**
[ríkʃɔ:]

명 인력거

☐ pull a **rickshaw**
인력거를 끌다

480 **facility**
[fəsíləti]

명 시설(물)

☐ marine **facilities**
해양 시설

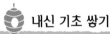 'fa-'에서 [ə]발음에 주의하세요

내신 기초 쌓기

Track **24-1**

● 다음 빈칸에 알맞은 말을 넣어 문장을 완성하세요.

1 해외 여행을 할 계획이면 이 문화 안내서를 읽어라.

→ If you plan to travel abroad, read this cultural ⬚.

2 깡통이나 포크와 같은 일상용품들은 예술의 일부가 될 수 있어.

→ Everyday ⬚ like cans and forks can be part of art.

3 그녀는 지난 2년 동안 심각한 질병으로 고통을 겪었다.

→ She has ⬚ from a serious illness for the past 2 years.

4 그는 진흙 축제에서 팔이 부러졌다.

→ He broke his arm at the ⬚ festival.

5 너는 물속에 라면 분말수프를 넣었니?

→ Did you put the ramyeon ⬚ in the water?

6 그 남자들은 2일 동안 함께 수갑이 채워져 있었다.

→ The men were ⬚ together for two days.

7 그 소년은 사람들이 비디오 장치로 서로 이야기 할 거라고 상상했다.

→ The boy imagined people would talk to each other on a video

⬚.

A 오답률 20%

다음 중 단어와 뜻이 <u>잘못</u> 연결된 것을 고르시오. 2점

① device - 청동   ② powder - 가루   ③ attach - 붙이다

④ routine - 일상   ⑤ guidebook - 안내서

B 오답률 25%

다음 주어진 문장의 빈칸에 가장 적절한 단어를 고르시오. 2점

You saved me from a _____ life.

너는 나를 의미 없는 삶에서 구해주었다.

① huge   ② meaningless   ③ uncomfortable   ④ skillful   ⑤ stressful

C 오답률 30%

다음 문장을 영작할 때 <u>다섯 번째</u>로 올 단어를 보기에서 고르시오. 2점

> 보기 ▶ 그 음악에서 반복을 찾는 것은 어렵지 않다.
>
> to / difficult / music / find / the / it / repetition / in / is / not

① difficult   ② find   ③ repetition   ④ to   ⑤ in

D 오답률 50%

다음 중 단어의 영영 풀이가 <u>잘못된</u> 것을 고르시오. 2점

① skillful: good at doing something

② stressful: making someone worry a lot

③ suffer: to feel pain or sadness and worry

④ mud: a dry substance made up of very small grains

⑤ object: a thing that you can see or touch but is not alive

E 오답률 80%

주어진 단어들을 우리말과 같은 뜻이 되도록 바르게 배열하시오.

1 고객 서비스 센터에 전화해보는 게 어때? 3점

(service / don't / you / customer / why / center / call / the)

_____

2 해양시설들은 남쪽 해안에 위치한다. 4점

(marine / the / south / located / facilities / the / on / coast / are)

_____

DAY 25

481 **merchant**
[mə́:rtʃənt]
(명) 상인
☐ buy it from a **merchant**
그것을 상인에게 사다

482 **unknown**
[ʌnnóun]
(형) 알려지지 않은
☐ still **unknown**
여전히 알려지지 않은

483 **conversation**
[kànvərséiʃən]
(명) 대화
☐ understand their **conversation**
그들의 대화를 이해하다

484 **landmark**
[lǽndmà:rk]
(명) 랜드마크
☐ a new **landmark**
새로운 랜드마크

485 **photography**
[fətágrəfi]
(명) 사진술
☐ interested in **photography**
사진술에 관심이 있는

486 **wound**
[wu:nd]
(명) 상처
☐ treat **wounds**
상처를 치료하다

487 **slice**
[slais]
(명) (얇게 썬) 조각
(동) 썰다
☐ two **slices** of cheese
치즈 두 조각
☐ **slice** onions
양파를 썰다

488 **extreme**
[ikstrí:m]
(형) 극한의
☐ enjoy **extreme** sports
극한 스포츠를 즐기다

489 spice
[spais]

명 향신료

☐ mix the onion with **spices**
양파와 향신료를 섞다

490 expect
[ikspékt]

동 기대하다, 예상하다

☐ **expect** a prize
상을 기대하다
☐ **expect** a baby
출산 예정이다

491 unkind
[ʌnkáind]

형 불쾌한, 불친절한
반 kind 친절한

☐ **unkind** comments
불쾌한 댓글들

492 whistle
[hwísl]

동 휘파람을 불다

☐ **whistle** indoors
실내에서 휘파람을 불다

493 necessary
[nésəsèri]

형 필요한

☐ **necessary** to help
도울 필요가 있는

494 negative
[négətiv]

형 부정적인
반 positive 긍정적인

☐ a **negative** meaning
부정적인 의미

495 overnight
[òuvərnáit]

부 하룻밤 동안

☐ stay **overnight**
하룻밤 동안 머물다

496 explore
[iksplɔ́:r]

동 탐험하다
파 exploration 탐험

☐ **explore** space
우주를 탐험하다
☐ during his **exploration**
그의 탐험 동안에

497 cage
[keidʒ]

명 새장

☐ open the **cage**
새장을 열다

498 difficulty
[dífikʌ̀lti]

명 어려움, 장애

☐ his physical **difficulty**
그의 신체적 장애

내신 심화 단어

499 **paralyze** [pǽrəlàiz]	동 마비시키다 수동태인 be paralyzed '마비되다'로도 자주 쓰여요	☐ **paralyze** traffic 교통을 마비시키다
500 **heritage** [hér.iticʒ]	명 유산	☐ a national **heritage** 국가 유산

내신 기초 쌓기

 Track **25-1**

● 다음 빈칸에 알맞은 말을 넣어 문장을 완성하세요.

1 나는 이 반지를 그 벽 근처의 상인에게 샀어.

→ I bought this ring from a [ ] near the wall.

2 그의 신체적 장애가 무엇인지는 중요하지 않다.

→ It does not matter what his physical [ ] is.

3 나는 왜 사람들이 극한 스포츠를 즐기는지 모르겠어.

→ I don't know why people enjoy [ ] sports.

4 그는 상을 받을 거라고 전혀 기대하지 않았다.

→ He never [ ] to win a prize.

5 그녀의 외모에 대한 불쾌한 댓글들이 있었다.

→ There were [ ] comments about her looks.

6 너의 개를 하룻밤 동안 밖에 두어도 괜찮니?

→ Is it okay to leave your dog outside [ ]?

7 고대 프랑스의 이발소에서는 이발사가 상처들을 치료했다.

→ Barbers treated [ ] in the barbershops of ancient France.

오답률 20%

A 다음 중 단어와 뜻이 잘못 연결된 것을 고르시오. 2점

① unkind - 불친절한 ② difficulty - 어려움 ③ spice - 상처

④ cage - 새장 ⑤ explore - 탐험하다

오답률 25%

B 다음 주어진 문장의 빈칸에 가장 적절한 단어를 고르시오. 2점

She usually puts two _____ of cheese on her sandwich.

그녀는 보통 자신의 샌드위치에 두 조각의 치즈를 넣어.

① landmarks ② slices ③ spices ④ cages ⑤ merchants

오답률 30%

C 다음 문장을 영작할 때 일곱 번째로 올 단어를 보기에서 고르시오. 2점

> 보기 불행을 불러올 수 있으니 실내에서 휘파람을 불지 마.
>
> whistle / bad / luck / indoors / bring / it / because / don't / can

① indoors ② bring ③ whistle ④ it ⑤ because

오답률 50%

D 다음 중 단어의 영영 풀이가 잘못된 것을 고르시오. 2점

① overnight: during the whole night

② expect: to think that something will happen

③ necessary: needed in order to do something

④ landmark: a very tall, narrow building, or part of a building

⑤ extreme: of the greatest possible degree, extent or intensity

오답률 80%

E 주어진 단어를 우리말과 같은 뜻이 되도록 바르게 배열하시오.

1 나는 결코 사진술에 관심이 있었던 적이 없어. 3점

(never / been / photography / I / interested / have / in)

_____

2 한국어는 우리 국가 유산의 일부이다. 4점

(of / our / Korean / the / is / heritage / language / national / part)

_____

내신 기본 단어

501 **reply** [riplái]	통 대답하다 유 answer	☐ **reply** to a question 질문에 대답하다
502 **distance** [dístəns]	명 거리	☐ keep a **distance** 거리를 유지하다
503 **bar** [bɑːr]	명 막대	☐ a **bar** graph 막대 그래프
504 **area** [έəriə]	명 지역	☐ tropical **areas** 열대 지역
505 **unimportant** [ʌnimpɔ́ːrtənt]	형 중요하지 않은	☐ small and **unimportant** 작고 중요하지 않은
506 **condition** [kəndíʃən]	명 1 상태 2 조건	☐ the **condition** of your health 너의 건강 상태 ☐ **conditions** for a change 변화를 위한 조건
507 **damage** [dǽmidʒ]	통 손상시키다	☐ **damage** her hearing 그녀의 청력을 손상시키다
508 **lunar** [lúːnər]	형 달의 반 solar 태양의	☐ the **lunar** new year 음력 설날 [구정]

509 **garage**
[gərá:dʒ]
명 차고
혼 garbage 쓰레기
□ a **garage** sale
차고 세일

510 **unusual**
[ʌnjú:ʒuəl]
형 특이한
반 usual 평상시의
□ an **unusual** event
특이한 행사

511 **compare**
[kəmpέər]
동 비교하다
□ **compare** prices
가격을 비교하다

512 **possibly**
[pásəbli]
부 아마
□ will **possibly** survive a war
아마 전쟁에서 살아남을 것이다

513 **ability**
[əbíləti]
명 능력
반 disability 무능, 불능
□ a special **ability**
특별한 능력

514 **located**
[lóukeitid]
형 ~에 위치한
□ be **located** in Korea
한국에 위치하다

515 **argue**
[á:rgju:]
동 말다툼하다
파 argument 말다툼
□ **argue** with each other
서로 말다툼하다
□ have an **argument**
말다툼하다

516 **indigo**
[índigòu]
형 쪽빛의
□ an **indigo** sky
쪽빛 하늘

517 **stove**
[stouv]
명 난로, (가스)레인지
□ put a pot on the **stove**
레인지에 냄비를 올려놓다

518 **refrigerator**
[rifrídʒərèitər]
명 냉장고
□ clean the **refrigerator**
냉장고를 청소하다

⬡ 내신 심화 단어

519 ginseng
[dʒínseŋ]

명 인삼

☐ grow **ginseng**
인삼을 재배하다

520 audience
[ɔ́:diəns]

명 청중

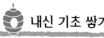 '청취자, 시청자'라는 뜻도 있어요.

☐ speak to the **audience**
청중에게 연설하다

🐝 내신 기초 쌓기

Track 26-1

● 다음 빈칸에 알맞은 말을 넣어 문장을 완성하세요.

1 지구에서 화성까지의 거리는 매분마다 변한다.

→ The [   ] from the Earth to Mars changes every minute.

2 복숭아는 열대 지역에서 잘 자라지 않는다.

→ Peaches do not grow well in tropical [   ].

3 그의 건강 상태는 이전만큼 좋지 않다.

→ The [   ] of his health isn't as good as before.

4 그 전시회에는 어떤 특이한 전시가 있니?

→ Are there any [   ] exhibits in the exhibition?

5 가격들을 인터넷에서 비교해보는 게 어때?

→ Why don't you [   ] the prices on the Internet?

6 암스테르담은 네덜란드 서쪽에 위치해 있다.

→ Amsterdam is [   ] in the western Netherlands.

7 그의 엄마는 물이 든 냄비를 레인지 위에 놓았다.

→ His mother put a pan of water on the [   ].

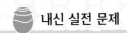

/ 15점

A 다음 중 단어와 뜻이 잘못 연결된 것을 고르시오. 2점

① indigo - 쪽빛의 　　② refrigerator - 냉장고 　　③ lunar - 양력의

④ located - ~에 위치한 　　⑤ compare - 비교하다

B 다음 주어진 문장의 빈칸에 가장 적절한 단어를 고르시오. 2점

He had a special _____ to make people happy.

그는 사람들을 행복하게 만드는 특별한 능력이 있었다.

① distance 　　② area 　　③ indigo 　　④ stove 　　⑤ ability

C 다음 문장을 영작할 때 <u>일곱 번째</u>로 올 단어를 보기에서 고르시오. 2점

> 보기　허가증이 인삼을 재배하기 위해 필요할지도 모른다.
> licence / be / may / ginseng / a / required / to / grow

① grow 　　② to 　　③ required 　　④ ginseng 　　⑤ a

D 다음 중 단어의 영영 풀이가 <u>잘못된</u> 것을 고르시오. 2점

① damage: to harm or break something

② argue: to have the same opinion as someone else

③ unusual: different from what is usual or normal

④ distance: the length of the space between two places

⑤ possibly: by some possibility; perhaps

E 주어진 단어들을 우리말과 같은 뜻이 되도록 바르게 배열하시오.

1 나와 함께 차고 세일을 하는 것이 어떠니? 3점

(how / having / with / garage / a / about / me / sale)

_____

2 그녀는 그 강의 중요성에 대해 청중에게 연설했다. 4점

(she / the / importance / of / the river / about / the / spoke / audience / to)

_____

내신 기본 단어

Track 27

521 **steel** [stiːl]	**명** 강철 **혼** steal 훔치다	□ **steel** wire 강철선
522 **influence** [ínfluəns]	**동** 영향을 끼치다	□ **influence** each other 서로에게 영향을 끼치다
523 **vivid** [vívid]	**형** 생생한	□ still so **vivid** 여전히 아주 생생한
524 **supply** [səplái]	**명** 공급	□ a water **supply** system 상수도 공급 시스템
525 **cultural** [kʌ́ltʃərəl]	**형** 문화적인 **파** culture 문화	□ **cultural** differences 문화적인 차이
526 **wheelchair** [hwíːltʃɛ̀ər]	**명** 휠체어	□ push a **wheelchair** 휠체어를 밀다
527 **click** [klik]	**동** 누르다	□ **click** the button 버튼을 누르다
528 **chance** [tʃæns]	**명** 기회	□ have a **chance** 기회가 있다

529 **scary**
[skέ(:)əri]
형 무서운

□ a **scary** movie
무서운 영화

530 **graphic**
[grǽfik]
명 그래픽

□ computer **graphics**
컴퓨터 그래픽

531 **overturn**
[òuvərtə́ːrn]
동 뒤집다

□ **overturned** shoes
뒤집어진 신발

532 **aboard**
[əbɔ́ːrd]
전 ~을 타고

□ go **aboard** a ship
배를 타다

533 **probably**
[prάbəbli]
부 아마

□ be **probably** hers
아마 그녀의 것이다

534 **soy**
[sɔi]
명 간장
참 soybean 콩, 대두

□ **soy** sauce
간장 소스

535 **pedal**
[pédl]
동 페달을 밟다

□ **pedal** a bike
자전거 페달을 밟다

536 **tap**
[tæp]
명 수도꼭지

□ turn off the **tap**
수도꼭지를 잠그다

537 **mad**
[mæd]
형 몹시 화가 난

□ get **mad** at him
그에게 몹시 화가 나다

538 **method**
[méθəd]
명 방법

□ a different **method**
다른 방법

내신 심화 단어

019 emergency
[imə́:rdʒənsi]
명 응급, 비상
□ an **emergency** situation
응급 상황

020 fragile
[frǽdʒəl]
형 부서지기 쉬운
□ **fragile** and soft
부서지기 쉽고 부드러운

내신 기초 쌓기

Track 27-1

● 다음 빈칸에 알맞은 말을 넣어 문장을 완성하세요.

1 동계 올림픽의 기억은 아주 생생하다.

→ The memories of the Winter Olympics are so _____.

2 내가 어제 그를 봤을 때 그는 휠체어에 앉아 있었다.

→ When I saw him yesterday, he was sitting in a _____.

3 뒤집어진 신발은 불운을 가져 온다고 생각된다.

→ _____ shoes are thought to bring bad luck.

4 많은 사람들이 아마 그 소리를 들을 수 없었을 거다.

→ A lot of people _____ couldn't hear the sound.

5 내 생각에 이 국에 한국 간장이 들어간 거 같다.

→ I think this soup has Korean _____ sauce in it.

6 그는 그의 딸에게 매우 화가 났다.

→ He was really _____ at his daughter.

7 그녀는 그 문을 고치기 위해 다른 방법을 시도해 보기로 했다.

→ She decided to try a different _____ to fix the door.

116

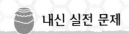
오답률 20%

A 다음 단어와 뜻이 <u>잘못</u> 연결된 것을 고르시오. 2점

① vivid - 생생한 ② influence - 영향을 끼치다 ③ click - 누르다

④ scary - 무서운 ⑤ soy - 방법

오답률 25%

B 다음 주어진 문장의 빈칸에 가장 적절한 단어를 고르시오. 2점

Please turn off the _____ when you soap your hands.

손에 비누칠 할 때 수도꼭지를 잠그세요.

① overturn ② aboard ③ tap ④ supply ⑤ graphic

오답률 30%

C 다음 문장을 영작할 때 네 번째로 올 단어를 보기에서 고르시오. 2점

> 보기 ▶ 그녀는 가족과 함께 배를 타고 하룻밤을 보냈다.
>
> she / a / night / with / family / her / a / boat / aboard / spent

① spent ② family ③ her ④ night ⑤ with

오답률 50%

D 다음 중 단어의 영영 풀이가 <u>잘못된</u> 것을 고르시오. 2점

① chance: the possibility that something might happen

② fragile: being easily broken or damaged

③ steel: a strong metal made from iron

④ mad: very bright in color

⑤ cultural: being related to a society, its values, and customs

오답률 80%

E 주어진 단어들을 우리말과 같은 뜻이 되도록 바르게 배열하시오.

1 고대 로마에는 상수도 공급 시스템이 있었다. 3점

(was / a / water / supply / in / ancient / there / system / Rome)

_____

2 만약 응급상황이 발생한다면 911로 전화해야 한다. 4점

(if / situation / call / should / an / emergency / you / there's / 911)

_____

내신 기본 단어

---

541 exhibit
[igzíbit]

명 전시품
동 전시하다
파 exhibition 전시회

☐ a lot of **exhibits**
많은 전시품들
☐ **exhibit** new goods
신제품들을 전시하다

542 billion
[bíljən]

명 10억

☐ one thousand **billion**
1조

543 fail
[feil]

동 실패하다
파 failure 실패

☐ **fail** quite often
꽤 종종 실패하다

544 genius
[dʒíːnjəs]

명 천재
혼 genuine 진짜의

☐ meet a **genius**
천재를 만나다

545 invent
[invént]

동 발명하다
파 invention 발명

☐ **invent** new things
새로운 것들을 발명하다

546 university
[jùːnəvə́ːrsəti]

명 대학교

☐ Oxford **University**
옥스퍼드 대학교

547 rhythm
[ríðəm]

명 리듬

☐ a sense of **rhythm**
리듬 감각

548 astronaut
[ǽstrənɔ̀ːt]

명 우주 비행사

☐ a famous **astronaut**
유명한 우주 비행사

549 proudly
[práudli]

🔵 당당하게

☐ **proudly** go to school
당당하게 학교에 가다

550 steal
[stiːl]

🟢 훔치다
🟢 완전 싼 것, 횡재

☐ **steal** money
돈을 훔치다
☐ a real **steal**
진짜 횡재

551 stir
[stəːr]

🟢 젓다

☐ **stir** the milk
우유를 젓다

552 usefulness
[júːsfəlnis]

🟢 유용성

☐ the **usefulness** of the Internet
인터넷의 유용성

553 appear
[əpíər]

🟢 나타나다
🟩 appearance 등장

☐ **appear** over the sea
바다 너머로 나타나다

554 include
[inklúːd]

🟢 포함하다

☐ **include** all
모두 포함하다

555 faucet
[fɔ́ːsit]

🟢 수도꼭지

☐ turn off a **faucet**
수도꼭지를 잠그다

556 tragedy
[trǽdʒədi]

🟢 비극

☐ life's **tragedy**
인생의 비극

557 achieve
[ətʃíːv]

🟢 성취하다
🟩 achievement 성취

☐ things to **achieve**
성취하고 싶은 것들

558 landscape
[lǽndskèip]

🟢 풍경, 풍경화

☐ a **landscape** painter
풍경화 화가

559 **incredible** ❸ 믿어지지 않는 ☐ an **incredible** story
[inkrédəbl] 믿어지지 않는 이야기

560 **proficiency** ❷ 숙달, 능숙 ☐ a language **proficiency** test
[prəfíʃənsi] 언어 능력 시험

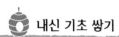 proficient는 '능숙한'이라는 형용사형이에요.

내신 기초 쌓기

Track 28-1

● 다음 빈칸에 알맞은 말을 넣어 문장을 완성하세요.

1 10억 달러가 있으면 너는 무엇을 할 거니?

→ What would you do if you had a ⬚ dollars?

2 수면 주기는 타고난 신체 리듬들 중 하나이다.

→ Your sleep cycle is one of the body's natural ⬚.

3 우주에서 정기적으로 운동하는 것은 우주비행사들에게 중요하다.

→ It is important for ⬚ to exercise regularly in space.

4 이 이야기는 유용함과 선함에 대한 것이다.

→ This story is about ⬚ and goodness.

5 여기 그가 올해 성취하고 싶은 것들의 목록이 있다.

→ Here is a list of things he wants to ⬚ this year.

6 설상가상으로, 또 다른 비극이 그에게 닥쳤다.

→ To make matters worse, another ⬚ struck him.

7 '거저다'라는 표현은 '물건이 아주 싸다'는 뜻이다.

→ The expression, 'It's a real ⬚' means that it is very cheap.

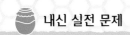
A 오답률 20%

다음 단어와 뜻이 <u>잘못</u> 연결된 것을 고르시오. 2점

① usefulness - 유용함　　② tragedy - 수도꼭지　　③ achieve - 성취하다

④ landscape - 풍경　　⑤ steal - 훔치다

B 오답률 25%

다음 주어진 문장의 빈칸에 가장 적절한 단어를 고르시오. 2점

_____ the milk with this spoon.

이 숟가락으로 우유를 저어라.

① fail　　② exhibit　　③ invent　　④ stir　　⑤ faucet

C 오답률 30%

다음 문장을 영작할 때 <u>네 번째</u>로 올 단어를 보기에서 고르시오. 2점

> 보기 ▶ 그녀가 잠그고 있는 수도꼭지를 보세요.
>
> she / is / the / faucet / look / that / turning / at / off

① faucet　　② turning　　③ she　　④ look　　⑤ off

D 오답률 50%

다음 중 단어의 영영 풀이가 <u>잘못된</u> 것을 고르시오. 2점

① stir: to move a liquid or something around or mix it

② appear: to start to be seen

③ include: to contain something as a part of it

④ genius: a very smart person with great ability or skill

⑤ astronaut: a person who fixes machines for a living

E 오답률 80%

주어진 단어들을 우리말과 같은 뜻이 되도록 바르게 배열하시오.

1 나는 시험에 떨어진 친구에게 아무 말도 하지 않았다. 4점

(nothing / my / failed / the test / said / to / who / I / friend)

_____

2 이것은 내가 들어 본 것 중 가장 믿을 수 없는 이야기이다. 3점

(this / the / most / that / I / heard / ever / have / is / incredible / story)

_____

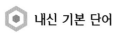 내신 기본 단어

---

561 measure
[méʒər]

동 측정하다

□ **measure** the temperature
온도를 측정하다

---

562 official
[əfíʃəl]

형 공식적인
혼 officer 장교

□ an **official** announcement
공식 발표

---

563 solve
[sɑlv]

동 풀다, 해결하다

□ **solve** a problem
문제를 풀다

---

564 knock
[nɑk]

동 두드리다

□ **knock** on the door
문을 두드리다

---

565 divide
[diváid]

동 나누다
참 divide A into B
A를 B로 나누다

□ **divide** them into four groups
그들을 네 그룹으로 나누다

---

566 image
[ímidʒ]

명 이미지
혼 imagine 상상하다

□ the same **image**
똑같은 이미지

---

567 belief
[bilí:f]

명 신념
혼 relief 안도

□ a cultural **belief**
문화적 신념

---

568 grain
[grein]

명 1 알갱이 2 곡물

□ a **grain** of salt
소금 알갱이

□ mill **grain**
곡물을 빻다

| 569 **foggy**
[fɔ́(ː)gi] | **형** 안개가 낀
파 fog 안개 | ☐ windy and **foggy**
바람이 불고 안개가 낀 |

569 **foggy**
[fɔ́(ː)gi]

형 안개가 낀
파 fog 안개

☐ windy and **foggy**
바람이 불고 안개가 낀

570 **develop**
[divéləp]

동 개발하다

☐ **develop** a robot
로봇을 개발하다

571 **beaker**
[bíːkər]

명 비커

☐ fill the **beaker**
비커를 채우다

572 **detail**
[díːteil]

명 세부사항

☐ review last minute
details
막바지 세부사항을 복습하다

573 **survive**
[sərváiv]

동 살아남다
파 survival 생존

☐ **survive** competitions
경쟁에서 살아남다

574 **chopstick**
[tʃápstik]

명 젓가락

☐ wooden **chopsticks**
나무 젓가락

575 **coast**
[koust]

명 해안

☐ the east **coast**
동해안

576 **idiom**
[ídiəm]

명 관용표현

☐ English **idioms**
영어의 관용표현

577 **rapidly**
[ræpidli]

부 급속히, 빨리
파 rapid 급속한, 빠른

☐ drop **rapidly**
급속히 떨어지다

578 **dust**
[dʌst]

명 먼지

☐ yellow **dust**
황사

---

⁵⁷⁹ **suppose**
[səpóuz]

동 추측하다

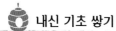
be supposed to 는 '~할 예정이다'로 해석해요

□ be supposed to cook dinner
저녁 식사를 준비할 예정이다

---

⁵⁸⁰ **judgment**
[dʒʌ́dʒmənt]

명 판결

judge '판결하다; 판사'와 혼동하지 말아요.

□ make a **judgment**
판결하다

🐝 내신 기초 쌓기

 Track 29-1

● 다음 빈칸에 알맞은 말을 넣어 문장을 완성하세요.

1 그녀는 욕조 속 물의 온도를 측정했다.

→ She [   ] the temperature of the water in the bathtub.

2 많은 학생들이 시험에 통과하기 위해 막바지 세부사항들을 복습했다.

→ Many students reviewed last minute [   ] to pass the test.

3 울고 있는 아기의 체온이 급속히 떨어졌다.

→ The temperature of the crying baby dropped [   ].

4 매년 황사가 중국에서 한국으로 불어온다.

→ Yellow [   ] from China blows into Korea every year.

5 7일 동안 물이 없으면 아마 너는 살아남지 못할 거다.

→ You could not possibly [   ] without water for 7 days.

6 영어의 관용표현들을 알고 있다면 이 수수께끼를 풀 수 있다.

→ You can solve this riddle if you understand English [   ].

7 오늘 몹시 바람이 불고 안개가 끼었으니, 운전할 때 조심해라.

→ It's very windy and [   ] today, so be careful when you are driving.

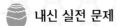
오답률 **20%**

A 다음 단어와 뜻이 **잘못** 연결된 것을 고르시오. **2점**

① detail - 세부사항　　② foggy - 안개가 낀　　③ develop - 추측하다

④ survive - 살아남다　　⑤ judgment - 판결

오답률 **25%**

B 다음 주어진 문장의 빈칸에 가장 적절한 단어를 고르시오. **2점**

Let's _____ these chairs into two sets.

이 의자들을 두 세트로 나누자.

① develop　　② solve　　③ knock　　④ divide　　⑤ beaker

오답률 **30%**

C 다음 문장을 영작할 때 세 번째로 올 단어를 보기에서 고르시오. **2점**

> **보기** 낯선 사람이 어젯밤 늦게 우리 집 문을 두드렸다.
>
> night / last / a stranger / on / knocked / door / my / late

① knocked　　② on　　③ door　　④ late　　⑤ my

오답률 **50%**

D 다음 중 단어의 영영 풀이가 **잘못된** 것을 고르시오. **2점**

① dust: small and tiny particles of earth or sand

② divide: to combine two different things together

③ chopstick: a pair of thin sticks which people use to eat food

④ grain: a cereal crop like wheat or corn; tiny hard piece of sand or salt

⑤ official: approved by the government or someone in power

오답률 **80%**

E 주어진 단어들을 우리말과 같은 뜻이 되도록 바르게 배열하시오.

1 사람들은 다른 문화적 신념들을 존중해야 한다. **4점**

(respect / people / should / different / beliefs / cultural)

_____

2 나는 월요일까지 내 숙제를 마칠 예정이었다. **3점**

(was / finish / my / by / Monday / supposed / I / to / homework)

_____

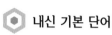 내신 기본 단어

581 **value**
[vǽljuː]
명 가치
파 valuable 가치 있는
□ different **values**
다양한 가치들

582 **awake**
[əwéik]
형 깨어 있는
□ keep **awake**
깨어 있다

583 **disappoint**
[dìsəpɔ́int]
동 실망시키다
□ be completely **disappointed**
완전히 실망하다

584 **range**
[reindʒ]
명 범위
□ a wide **range**
넓은 범위

585 **truly**
[trúːli]
부 진정으로
파 true 진정한
파 truth 진실
□ **truly** change the world
진정으로 세상을 변화시키다

586 **penny**
[péni]
명 1 (화폐 단위) 페니
2 한 푼
□ one **penny**
1페니

587 **acne**
[ǽkni]
명 여드름
□ have **acne**
여드름이 나다

588 **harbor**
[háːrbər]
명 항구
□ leave the **harbor**
항구를 떠나다

126

589 sight
[sait]

명 1 시력 2 광경

☐ lose her **sight**
그녀의 시력을 잃다
☐ beautiful **sights**
아름다운 광경

590 wrestler
[réslər]

명 씨름 선수
파 wrestle 씨름하다

☐ cheer for the **wrestler**
씨름 선수를 응원하다

591 credit
[krédit]

명 신용

☐ a **credit** card
신용카드

592 donkey
[dáŋki]

명 당나귀
참 mule 노새

☐ ride a **donkey**
당나귀를 타다

593 powerhouse
[páuərhàus]

명 발전소

☐ a **powerhouse** of a ship
배의 발전소

594 planet
[plǽnit]

명 행성

☐ the two **planets**
두 개의 행성

595 rarely
[rɛ́ərli]

부 거의 … 않는

☐ **rarely** scold me
나를 거의 꾸짖지 않다

596 active
[ǽktiv]

형 활동적인
파 actively 활동적으로

☐ **active** and lively
활동적이고 생기 있는

597 describe
[diskráib]

동 묘사하다

☐ **describe** my room
내 방을 묘사하다

598 fever
[fí:vər]

명 열

☐ have a **fever**
열이 나다

599 **portable**
[pɔ́ːrtəbl]

형 휴대 가능한

☐ **portable** and easy
휴대 가능하고 편리한

600 **Antarctic**
[æntάːrktik]

형 남극의

☐ the **Antarctic** continent
남극대륙

arctic '북극의'와
혼동하지 말아요.

🐝 내신 기초 쌓기

● 다음 빈칸에 알맞은 말을 넣어 문장을 완성하세요.

1 그는 활동적이고 생기 있는 7살짜리 아이다.

→ He is an ⬚⬚⬚⬚⬚ and lively child of seven.

2 한 푼을 절약하면 한 푼을 번다.

→ A ⬚⬚⬚⬚ saved is a ⬚⬚⬚⬚ earned.

3 우리는 항구에서 큰 보트와 배들을 모두 볼 수 있었다.

→ We could see all the big boats and ships at the ⬚⬚⬚⬚.

4 그는 현금 대신에 늘 그의 신용카드를 사용한다.

→ He usually uses his ⬚⬚⬚⬚ card instead of cash.

5 그 두 행성들은 완전히 다른 날씨를 갖고 있다.

→ The two ⬚⬚⬚⬚ have totally different weather.

6 어젯밤 열이 나서 병원에 갔다.

→ I went to the hospital because I had a ⬚⬚⬚⬚ last night.

7 그 이야기는 주인공의 충직한 동반자로 개를 묘사했다.

→ The story ⬚⬚⬚⬚ a dog as the loyal companion of the main character.

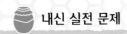
A 오답률 20%

다음 단어와 뜻이 <u>잘못</u> 연결된 것을 고르시오. 2점

① range - 범위   ② truly - 깨어 있는   ③ fever - 열

④ donkey - 당나귀   ⑤ planet - 행성

B 오답률 25%

다음 주어진 문장의 빈칸에 가장 적절한 단어를 고르시오. 2점

Although he lost his _____, he kept a positive mind.

비록 그는 시력을 잃었지만 긍정적인 마음을 유지했다.

① awake   ② credit   ③ fever   ④ sight   ⑤ wrestler

C 오답률 30%

다음 문장을 영작할 때 <u>다섯 번째</u>로 올 단어를 보기에서 고르시오. 2점

> 보기 우리는 그 소식에 완전히 실망했다.
>
> we / at / disappointed / the / were / completely / news

① were   ② completely   ③ disappointed   ④ news   ⑤ at

D 오답률 50%

다음 중 단어의 영영 풀이가 <u>잘못된</u> 것을 고르시오. 2점

① credit: something that makes people like or love you

② active: being always busy or taking action to do something

③ harbor: a coastal area in which ships can be left safely

④ portable: being easily carried or moved

⑤ value: the importance or usefulness of something

E 오답률 80%

주어진 단어들을 우리말과 같은 뜻이 되도록 바르게 배열하시오.

1 나는 12살 때부터 여드름이 났다. 3점

(had / since / 12 / I / have / acne / was / years / old / I)

_____

2 이 기계는 휴대 가능하고 사용하기 편리하다. 4점

(portable / to / and / easy / this / is / machine / use)

_____

정답

● Index

정답

DAY 01

내신 기초 쌓기

1 means   2 decorate   3 justice

4 stadium   5 curious   6 repay

7 donation

내신 실전 문제

A ⑤   B ②   C ④   D ②

E 1 Can I borrow this comic book?

  2 Do you want to be a successful singer?

DAY 02

내신 기초 쌓기

1 cardboard   2 personal   3 sentence

4 apart   5 century   6 direct

7 sprinkle

내신 실전 문제

A ①   B ⑤   C ①   D ⑤

E 1 My mother doesn't always scold me.

  2 It is rude to ask someone's age in some cultures.(= In some cultures, it is rude to ask someone's age.)

DAY 03

내신 기초 쌓기

1 owner   2 hallway   3 loss

4 duty   5 gallery   6 barber

7 witch

내신 실전 문제

A ④   B ②   C ④   D ④

E 1 I don't want to take a risk.

  2 What is the most precious thing in your life?

DAY 04

내신 기초 쌓기

1 neither   2 jar   3 major

4 impressed   5 purpose   6 death

7 insult

내신 실전 문제

A ⑤   B ②   C ①   D ④

E 1 Does Kate have a pimple?

  2 Good friends can comfort you when you are sad.

DAY 05

내신 기초 쌓기

1 repair   2 heavily   3 wallpaper

4 argument   5 raw   6 greeting

7 cheat

내신 실전 문제

A ④   B ①   C ③   D ②

E 1 Sam gave me a one-dollar bill.

  2 He wants to be an international peacemaker like Ban Ki-moon.

DAY 06

내신 기초 쌓기

1 system   2 discount   3 twisted

4 dedication **5** toothache

6 According **7** simply

내신 실전 문제

A ③   B ③   C ②   D ③

E 1 Some nice shirts are hanging in
       the closet.

   2 The program gives us helpful
       information.

DAY 07

내신 기초 쌓기

1 below   **2** exit   **3** cabbage

4 track   **5** form   **6** responsible

7 sleepy

내신 실전 문제

A ⑤   B ③   C ④   D ④

E 1 Many wetlands are disappearing
       rapidly. (= Many wetlands are
       rapidly disappearing.)

   2 A new start always makes me
       hopeful.

DAY 08

내신 기초 쌓기

1 product   **2** ever   **3** scream

4 lend   **5** Channel   **6** staff

7 misunderstand

내신 실전 문제

A ④   B ②   C ①   D ⑤

E 1 Sam offered a coupon to the girl.

   2 What did Rex do to encourage
       her?

DAY 09

내신 기초 쌓기

1 grassland **2** upper   **3** mention

4 transfer   **5** calmly   **6** Unlike

7 allow

내신 실전 문제

A ⑤   B ④   C ①   D ③

E 1 We organized a team to clean up
       the garbage.

   2 An animal species disappears
       every twenty minutes. (= Every
       twenty minutes an animal species
       disappears.)

DAY 10

내신 기초 쌓기

1 terrible   **2** cave   **3** magnet

4 vision   **5** react   **6** flow

7 notice

내신 실전 문제

A ⑤   B ②   C ①   D ④

E 1 The girls in the picture look very
       lively.

   2 My friends use a lot of disposable
       products.

DAY 11

내신 기초 쌓기

1 infection **2** plenty   **3** illusion

4 unfair   **5** waterproof

6 Although   **7** shot

내신 실전 문제

A ③ B ② C ① D ⑤

E 1 How much are the monthly payments?

2 How many people are taking part in the campaign?

DAY 12

내신 기초 쌓기

1 Traffic 2 throughout
3 strict 4 thankful
5 completely 6 highway
7 empower

내신 실전 문제

A ⑤ B ③ C ⑤ D ④

E 1 Dave ate the cookie in one bite.

2 Have you ever seen a suspension bridge?

DAY 13

내신 기초 쌓기

1 recover 2 medical 3 hormone
4 delete 5 truth 6 tribe
7 account

내신 실전 문제

A ⑤ B ② C ③ D ④

E 1 It is very important to educate children.

2 Kate and Sam like the food delivery services in Korea.

DAY 14

내신 기초 쌓기

1 lower 2 business 3 wide
4 especially 5 unexpected
6 handle 7 alive

내신 실전 문제

A ④ B ② C ② D ②

E 1 Rub the clothes with your hands.

2 One day, people started to catch tortoises for food.

DAY 15

내신 기초 쌓기

1 filters 2 chief 3 hook
4 thoughtful 5 fully 6 growth
7 durable

내신 실전 문제

A ⑤ B ⑤ C ④ D ⑤

E 1 The peak looked sharp and rocky.

2 The blind children were taught to read Braille.

DAY 16

내신 기초 쌓기

1 order 2 except 3 softly
4 fancy 5 prefer 6 tunnels
7 humans

내신 실전 문제

A ②   B ④   C ⑤   D ④

E 1 Farmers use a lot of chemicals to kill bugs.

  2 Many Korean stars are gaining popularity in China.

DAY 17

내신 기초 쌓기

1 realized   2 behave
3 fault   4 quarter
5 instructions   6 considering
7 length

내신 실전 문제

A ⑤   B ③   C ④   D ②

E 1 Would you mind talking quietly?

  2 The price of the admission tickets depends on a person's age.

DAY 18

내신 기초 쌓기

1 classical   2 beef   3 discovered
4 optical   5 upside   6 shocked
7 relationship

내신 실전 문제

A ⑤   B ①   C ②   D ⑤

E 1 The water is gradually getting cold.(= The water is getting cold gradually.)

  2 Birds know when to migrate by the length of daylight.

DAY 19

내신 기초 쌓기

1 packages   2 structures
3 proverb   4 proper
5 colored   6 witnesses
7 topic

내신 실전 문제

A ③   B ④   C ①   D ①

E 1 I really appreciate your help.

  2 My girlfriend and I usually pay individually.

DAY 20

내신 기초 쌓기

1 boss   2 aquarium
3 hatched   4 crawled
5 figure   6 erased
7 environment

내신 실전 문제

A ④   B ④   C ③   D ④

E 1 Why do women put on makeup?(= Why do women put makeup on?)

  2 She believes homeschooling has many advantages.

DAY 21

내신 기초 쌓기

1 underground   2 handprints
3 picky   4 wire
5 treasure   6 variety
7 items

내신 실전 문제

A ⑤   B ②   C ④   D ②

E 1 What seems impossible can sometimes be possible.(= What seems impossible can be possible sometimes.)

2 My monthly spending budget is 100,000 won.

DAY 22

내신 기초 쌓기

1 cotton   2 affect   3 rob
4 livestock   5 Naturally   6 founded
7 fantastic

내신 실전 문제

A ④   B ④   C ①   D ③

E 1 The baby locked the door from inside the house.

2 The picture shows the movement of the liquid.

DAY 23

내신 기초 쌓기

1 accident   2 beans   3 sincere
4 normally   5 generous   6 worth
7 embarrassed

내신 실전 문제

A ①   B ②   C ⑤   D ④

E 1 How much soda do you drink a day?

2 The young writer wanted to publish a poetry book.

DAY 24

내신 기초 쌓기

1 guidebook   2 objects   3 suffered
4 mud   5 powder   6 handcuffed
7 device

내신 실전 문제

A ①   B ②   C ④   D ④

E 1 Why don't you call the customer service center?

2 The marine facilities are located on the south coast.

DAY 25

내신 기초 쌓기

1 merchant   2 difficulty   3 extreme
4 expected   5 unkind   6 overnight
7 wounds

내신 실전 문제

A ③   B ②   C ②   D ④

E 1 I have never been interested in photography.

2 The Korean language is part of our national heritage.

DAY 26

내신 기초 쌓기

1 distance   2 areas   3 condition
4 unusual   5 compare   6 located
7 stove

A ③   B ⑤   C ①   D ②

E 1 How about having a garage sale with me?

2 She spoke to the audience about the importance of the river.(=She spoke about the importance of the river to the audience.)

DAY 27

내신 기초 쌓기

1 vivid 2 wheelchair

3 Overturned 4 probably

5 soy 6 mad

7 method

내신 실전 문제

A ⑤   B ③   C ④   D ④

E 1 There was a water supply system in ancient Rome.(= In ancient Rome, there was a water supply system.)

2 If there's an emergency situation, you should call 911.(= You should call 911 if there's an emergency situation.)

DAY 28

내신 기초 쌓기

1 billion 2 rhythms

3 astronauts 4 usefulness

5 achieve 6 tragedy

7 steal

내신 실전 문제

A ②   B ④   C ①   D ⑤

E 1 I said nothing to my friend who failed the test.

2 This is the most incredible story that I have ever heard.

DAY 29

내신 기초 쌓기

1 measured 2 details 3 rapidly

4 dust 5 survive 6 idioms

7 foggy

내신 실전 문제

A ③   B ④   C ②   D ②

E 1 People should respect different cultural beliefs.

2 I was supposed to finish my homework by Monday.

DAY 30

내신 기초 쌓기

1 active 2 penny, penny

3 harbor 4 credit

5 planets 6 fever

7 described

내신 실전 문제

A ②   B ④   C ⑤   D ①

E 1 I have had acne since I was 12 years old.(=Since I was 12 years old, I have had acne.)

2 This machine is portable and easy to use.

Index

초등권장어휘 ☆
중등권장어휘 ★
교과서 빈도순 •••
••
•

Memo

Memo

Memo